Aidon rakkauden suloinen tuoksu

Swamini Krishnamrita Prana

Mata Amritanandamayi Center, San Ramon
Kalifornia, Yhdysvallat

Aidon rakkauden suloinen tuoksu
Swamini Krishnamrita Prana

Julkaisija:
Mata Amritanandamayi Center
P.O. Box 613, San Ramon, CA 94583
Yhdysvallat

——— *The Fragrance of Pure Love (Finnish)* ———

Copyright © 2015 Mata Amritanandamayi Mission Trust, Amritapuri, Kollam, Kerala, Intia 690546
Kaikki oikeudet pidätetään. Osaakaan tästä painotuotteesta ei saa tallentaa millään tunnetulla tai myöhemmin keksittävällä menetelmällä, tuottaa uudelleen, siirtää toiselle välineelle, kääntää jollekin kielelle tai julkaista missään muodossa ilman julkaisijan kirjallista lupaa.

Ensimmäinen painos MA Centerin: huhtikuu 2016

Saatavissa myös: www.amma.fi

Intiassa:
www.amritapuri.org
inform@amritapuri.org

Sisältö

1. Kodin löytyminen Jumalan luota 7
2. Mangojen ja autuuden täyteinen lapsuus 15
3. Syntynyt kohottamaan ihmiskuntaa 21
4. Guru ohjaa meidät Jumalan luokse 27
5. Todellisen kauneuden jäljillä 35
6. Ymmärtävä Äiti 41
7. Rakkauden tuoksu 47
8. Täydellisen mestarin rakkaus 53
9. Kivien muuttaminen kullaksi 61
10. Seva – rakkauden alkemia 67
11. Rakkauden joki 73
12. Hän, joka tuo sateen 81
13. Ruohosta maidoksi 89
14. Koko luomakuntaa kumartaen 95
15. Täydellinen antautuminen 101
16. Armon virta 109
17. Askeleitamme ohjaten 115
18. Viattoman uskon kehittäminen 121

"Sinulla ei ole aavistustakaan kuinka
kovasti olen etsinyt lahjaa sinulle.
Mikään ei tuntunut oikealta.
Mitä järkeä on tuoda kultaa
kultakaivokseen tai vettä mereen?
Kaikki tuntui siltä kuin veisi mausteita Aasiaan.
En voi antaa sydäntäni ja sieluani,
koska ne ovat jo sinun.
Niinpä toin sinulle peilin.
Katso itseäsi ja muista minut."
— Rumi

Luku 1

Kodin löytyminen Jumalan luota

Nähdessäni Amman ensimmäistä kertaa vuonna 1982, hän istui pienessä kookospalmun lehvistä punotussa majassa keskustellen muutamien ympärillään lattialla istuvien ihmisten kanssa. Kävellessäni sisään Amma hypähti ylös ja tuli tervehtimään minua lämpimästi halaten. Hänen ylitsevuotava rakkautensa salpasi henkeni. Olin melkein järkyttynyt, sillä en ollut koskaan kuvitellut kenenkään antavan niin paljon rakkautta ventovieraalle.

Olin juuri tullut henkisestä keskuksesta Pohjois-Intiasta, missä guru istui turvallisen etäisyyden päässä, eikä kukaan saanut koskettaa häntä. Jotkut henkiset opettajat uskovat, että he menettävät energiaansa, jos heitä kosketaan. Sanotaan, että energia virtaa kehossa alaspäin ja poistuu jalkojen kautta. Kun jalkoja kosketetaan kunnioittaen,

Aidon rakkauden suloinen tuoksu

voidaan vastaanottaa siunaus. Suojatakseen energiansa, monet opettajat eivät salli fyysistä kontaktia, vain kunnioituksen osoittamisen ainoastaan etäältä.

Amma oli kaukana tällaisesta. Myötätunnossaan hän tarjosi innokkaasti kehonsa, elämänsä ja sielunsa maailmalle. Oma "henkisesti sivistynyt" mieleni piti häntä yksinkertaisesti uskomattomana. Luulin tietäväni kaiken henkisyydestä, mutta Amma osoitti minulle nopeasti etten tiennyt mitään puhtaasta jumalaisesta rakkaudesta. Olin ihmeissäni siitä rakkaudesta ja hellyydestä, joka huokui hänestä niin spontaanisti.

Onnekseni armo loi minulle mahdollisuuden jäädä Amman luokse hänen ashramiinsa aikana, jolloin siellä oli ainoastaan neljätoista asukasta.

Amman kanssa asuminen aukaisi minut aivan uudelle antaumuksen tasolle, jolla mieleni pystyi ohjautumaan hyödylliseen suuntaan, poispäin maailmasta. Saatoin silmieni edessä nähdä henkiset opetukset, joista olin ainoastaan lukenut tai kuullut, ilmenevän Amman elämänä ja tekoina. Samalla hän oli aina niin nöyrä. Hänen nöyryytensä on eräs hänen syvällisimpiä ja samalla hienovaraisimpia opetuksiaan.

Kodin löytyminen Jumalan luota

Minun oli aluksi vaikea ymmärtää Amman käytöstä, sillä en ollut koskaan nähnyt ketään niin päihtyneenä Jumalasta. Välillä hän makasi hiekassa tai joskus jonkun meistä sylissä laulaen lauluja Jumalalle tai vain lipuen hiljaa jumalaisen päihtyneeseen tilaan, nauraen tai itkien huumassaan.

Amma ohjasi meitä päivittäisissä henkisissä harjoituksissa, rohkaisten meitä valitsemaan jonkin muun jumalallisen muodon kuin itsensä meditaatiomme keskittymispisteeksi. Lisätäksemme antaumustamme ja kehittääksemme janoamme ja kaipuutamme liittoon Jumalan kanssa, meidän tuli kaivata jumalallista muotoa, jota meillä ei vielä ollut. Meidän onneksemme Amman fyysinen hahmo oli niin helposti saavutettavissa. Hän oli tavoitettavissa kaikille, jotka etsivät hänen seuraansa, joka päivä lukemattomia tunteja, jopa läpi yön.

Yhdessä vaiheessa päätimme rakentaa Ammalle pienen talon antaaksemme hänelle enemmän yksityisyyttä; muuten hän päivysti jatkuvasti ja oli kaikkien muiden armoilla läpi vuorokauden. Yläkertaan rakennettiin kaksi pientä huonetta Amman käyttöön: yksi nukkumista ja toinen vieraiden vastaanottamista varten. Käytimme alakerran huonetta meditoimiseen. Ensimmäisten rakentamisen jälkeisten kuukausien ajan Amma kieltäytyi muuttamasta pienestä majastaan, sillä hänestä nämä kaksi uutta huonetta olivat liian hienoja hänelle. Itse asiassa ne olivat erittäin pelkistettyjä. Lopulta Amma antoi periksi peräänantamattoman anelumme johdosta ja muutti taloon.

Joka päivä kokoonnuimme alakerran huoneeseen ja istuimme meditoimaan. Yhtenä päivänä eräs brahmachareista (selibaatissa elävä miespuolinen oppilas) alkoi harjoittamaan erityistä jooga-asanaa, jota en ollut ikinä nähnyt. Silmät ammollaan katsoin uteliaana, kuinka hän imi vatsansa täysin sisään. Olin hämmästynyt, että keho pystyi edes tekemään mitään sellaista!

Ajattelin, 'Voi herran tähden! Mitä täällä tapahtuu?'. Katsoessani tyrmistyneenä hänen katoavaa vatsaansa, Amma astui sisään, näki minut töllistelemässä ja ilmoitti, "Tytöt istuvat tästä lähtien ulkona."

Siitä lähtien me muutamat tytöt istuimme ulkona meditaatiohallin verannalla. Oli paljon mukavampaa istua ulkona, missä näkyi kookospuita, laajalti hiekkaa ja takavedet. Siellä, ulkona luonnon keskellä, minulla oli tapana kuvitella Krishna tanssimassa juuri tavoittamattomissani – samalla kun sadepisarat putoilivat taivaasta maahan.

Kodin löytyminen Jumalan luota

Opin, että mielikuvitus on yksi hienoimmista kyvyistä, jota voi käyttää oppaana läpi pitkien meditaatiojaksojen. Keskittyminen ja sen yllä pitäminen pitkään on vaikeaa, mutta jos käytämme mielikuvitustamme positiivisella tavalla, se voi viedä meidät yhä korkeammalle ja korkeammalle henkisyydessä.

Elämä Amman kanssa oli autuasta, jotain mitä en ollut ikinä kokenut aikaisemmin tai olisi kyennyt kuvittelemaankaan mahdolliseksi. Silti koin myös haasteellisia aikoja.

Vaikka henkisen elämän ilo on ainutlaatuista, on olemassa henkisyyden termi, joka tunnetaan 'sielun pimeänä yönä'. Se on tila, jossa koetaan intensiivistä tuskaa, aivan kuin olisi kiilautuneena maallisen elämän imun ja henkisen elämän toiveen väliin. Kipu syntyy, koska emme ole vielä täysin omaksuneet henkistä elämää. Tämän ajanjakson aikana tiedämme, ettei ole olemassa muuta polkua kuin henkinen tie, mutta jotenkin tunnemme vielä vetoa maalliseen elämään ja tämä tuottaa voimakasta kärsimystä.

Ensimmäisten Amman kanssa viettämieni vuosien aikana tunsin kokevani jotakin tällaista. Muistan häpeäni olleen liian suuri kertoakseni kenellekään. Luulin olevani ainoa, joka kävi läpi tällaista ja tunsin oloni hirveäksi uskoessani, ettei kukaan muu voisi tuntea oloaan niin alhaiseksi tai kokea niin hirvittäviä tunteita. Kun vihdoin myönsin eräälle länsimaalaiselle asukkaalle mitä koin, hän sanoi kokeneensa aivan saman niiden ensimmäisten kahden vuoden aikana, jotka hän vietti ensimmäisen gurunsa luona. Ymmärrys siitä, että tämä 'pimeä yö' oli tavallista henkisten etsijöiden keskuudessa, auttoi minua pääsemään sen yli.

Amma paljastaa, ettei todellista uskoa voi koskaan horjuttaa. Jos se horjuu, se ei ole *todellista* uskoa. Positiivista on, että kun olemme kulkeneet tämän vaiheen läpi, uskoamme Jumalaan ei voi koskaan menettää. On tavallista, että ensimmäiset kaksi täysipäiväisesti ashramissa asuttua vuotta ovat kaikista vaikeimmat, koska silloin pitää mukautua kaikin tavoin uuteen elämäntapaan.

Amma muistuttaa meitä, ettemme ole eristyksissä olevia saarekkeita; jokainen meistä on osa samaa ketjua. Tulemme kaikki kokemaan jokseenkin samanlaisia asioita elämässä, ainoastaan hieman eri tavoin.

Amman neuvo minulle tämän kärsimyksen aikana oli, että minun tulisi kehittää kiintymystä joko Ammaa kohtaan tai kiintymystä ashramia kohtaan. Kummallista kyllä, valitsin ashramin.

Kodin löytyminen Jumalan luota

Olin tullut asumaan Amman luokse, jotta hän ohjaisi minua gurunani. Vaikutti siltä, että melkein kaikki muut olivat tulleet asumaan ashramiin, jotta Amma olisi heidän äitinsä. Siksi heillä olikin paljon enemmän rakastavan äidillinen läheisyys Amman kanssa kuin minulla. Minulle, joka kunnioitin Ammaa ensisijaisesti gurunani, oli olemassa jonkinasteinen etäisyys. Rakkauden rinnalla tunsin kunnioittavaa pelkoa Ammaa kohtaan, koska näin hänet pääasiallisesti gurunani. Niinpä minulle oli helpompaa luoda kiintymyksen side ashramia kohtaan. Vuosia myöhemmin opin, että *'bhaya bhaktin'* (kunnioittava pelko) aspekti on tarpeellinen osa antaumusta, ja se estää meitä käyttäytymästä liian rennosti gurun kanssa.

Ensimmäisten kymmenen ashramissa asutun vuoteni aikana matkustin Amman kanssa mihin tahansa hän menikin. Kun mukanamme matkustaneiden määrä alkoi kasvaa, tunsin paremmaksi jäädä paikoilleni auttamaan alati laajenevan ashramin ylläpidossa. Ajattelin olevani enemmän hyödyksi ashramissa työskennellen kuin matkustamalla Amman ja satojen ihmisten kanssa. Loppujen lopuksi ashram *oli* minulle aivan kuin Amma. Ashramin sanotaan olevan gurun keho, ja niin todella olen sen aina kokenutkin olevan.

Useimmat ihmiset rakastavat Amman fyysisessä läheisyydessä olemista, mutta he eivät välttämättä tunne samoin ashramia kohtaan. Minä aloitin päinvastoin, tuntien lujaa sitoutumista ashramia kohtaan. Syvän armon avautumisen kautta sain tilaisuuden liikkua myös lähelle Ammaa.

Amma tiesi minun olevan luonteeltani sellainen, joka pitäisi pientä etäisyyttä häneen, joten vähitellen hän veti minua lähemmäs ja lähemmäs ajan ollessa hänen mielestään oikea. Ehkä hän myös tunsi, että oli aika työstää minua hieman syvemmin.

Minulla on nyt enemmän rakkautta Ammaa kuin ashramia kohtaan, vaikkakin ne todellisuudessa ovat yksi ja sama. Ashram *on* pohjimmiltaan gurun keho ja Amritapuri on minun taivaani maan päällä.

Luku 2

Mangojen ja autuuden täyteinen lapsuus

Matkustaessamme Amman kanssa autossa, Hän puhuu aina lapsuudestaan. Hänen kasvonsa loistavat ilosta hänen muistellessaan miten asiat olivat ennen. Joskus mietin miksi hän tietoisesti ajattelee noita päiviä niin usein. Ehkäpä siksi, että epäitsekkyyden ja rakkauden arvoja pidettiin huomattavasti paremmin yllä niihin aikoihin.

Amman varttuessa perinteiset arvot muodostivat perustan kylän ja perheen elämälle. Amma sanoo, että koska kaikki olivat niin keskittyneitä antamaan ja jakamaan, he eivät tarvinneet mitään muita henkisiä harjoituksia. Hän muistelee nuoruuttaan lämmöllä yhä uudestaan ja uudestaan muistuttaakseen meitä pitämään kiinni näistä epäitsekkyyden, rakkauden, antamisen ja jakamisen keskeisistä arvoista myös omassa perustassamme.

Erään kerran jonkun kanssa puhuessaan Amma muisteli, kuinka hänen äitinsä teki töitä koko ajan. Hänen äitinsä kasvatti kanoja, ankkoja, vuohia ja lehmiä. Hän huolehti pienistä kookospuista ja teki köyttä kookospähkinän kuoren kuiduista. Hän istutti monia ayurvedisesti lääkitseviä yrttejä etupihalle, poimi noiden kasvien lehtiä ja valmisti rohtoja kaikenlaisten vaivojen, niin yskän ja kuumeen kuin turvonneiden käsienkin hoitoon. Vaikka hän oli kouluttamaton, Amman äiti oli erinomainen liikenainen ja ansaitsi usein kaksi kertaa niin paljon rahaa kuin miehensä. Hän teki jatkuvasti töitä sen lisäksi, että hän huolehti suuresta perheestään. Vaikka hän työskenteli kovasti, hän oli aina rakastava kaikkia ihmisiä kohtaan. Hänen ruumiillinen työnsä oli vaativaa, mutta noihin aikoihin kaikki toimet tehtiin palvontana ja hänen mielensä oli aina keskittynyt Jumalaan.

Tehdessään ruokaa Amman äiti laittoi aina *ensin* jotain sivuun naapureille tai jollekin mahdollisesti nälkäiselle henkilölle. Ensimmäinen ajatus oli aina toisille antaminen. Tällainen epäitsekäs asenne oli luonnollista noihin aikoihin. Vieraiden tullessa heille tarjottiin aina parasta saatavilla olevaa ruokaa ja lapsille annettiin ainoastaan riisivettä ruoaksi. Protestina lapset joskus varastivat maitorahkaa tai kookoksen palasia, sekoittivat niitä sokeriin ja söivät salaa yhdessä. Jos he paljastuivat, he saivat aina kunnon haukut.

Vieraiden saapuessa hänen kotiinsa, Amma oli aina valmis tekemään mitä tahansa auttaakseen. Joskus jos yhtään kuivaa puuta ei ollut saatavilla, hän kiipesi kookospuuhun ja haki kuivia lehtiä teen keittoon tarvittavan tulen tekoa varten. Joskus, kun Ammaa ei löydetty mistään, hänen äitinsä löysi hänet kookospuusta. Hän nuhteli Ammaa silloin sanoen, "Sinun kanssasi ei avioidu kukaan muu kuin kookoksen poimija!" Amma vaihtoi *tällaista* puheenaihetta pikaisesti.

Jos kylässä vietettiin häitä, kaikki auttoivat tarjoten kultakoruja tai jonkin verran rahaa varmistaakseen, että vastanaineista pidettäisiin huolta. Noihin aikoihin kukaan ei ajatellut huomiselle hamstraamista, vaan he antoivat aina mitä heillä oli antaa.

Varakkaat ihmiset ovat usein sitä mieltä, että heillä on vapaus tehdä mitä haluavat. Mutta jos heidän perustastaan puuttuvat epäitsekkään rakkauden ja oikealla asenteella tehdyn kovan työn arvot, on heidän erittäin haasteellista löytää todellista onnea. Tänä päivänä hyvät periaatteet kuolevat pois nopeasti. Intiassa ja joka puolella maailmaa ikivanhat arvot ovat rappeutumassa vauhdilla.

Amman koko kulttuuri ja henkinen katsontakanta perustuu antamisen ja siitä tulevan ilon arvoille. Hän yrittää estää näiden arvojen kuolemista maailmassa antamalla täydellisen esimerkin, jota seurata.

Amma ilmentää puhtaan epäitsekkyyden ihannetta omassa elämässään. Hän voi kehoittaa muita lepäämään jos he ovat kipeitä, mutta hän ei ikinä tee sitä itse. Suurin osa ihmisistä yrittää tehdä elämästään helppoa valitsemalla nopeimman ja mukavimman tien ulos tilanteesta, ajatellen ainoastaan, mitä he voivat ottaa. Amma puolestaan pysyy aina perinteisellä, puristisella polulla, pettämättä koskaan rakkauden ja myötätunnon arvojaan. Hän ajattelee ainoastaan sitä, mitä hän voi antaa.

Amma on aina nähnyt Jumalan ihmeen ja kauneuden kaikkialla. Jo pienenä hän tiesi Jumalan olevan kaikessa: seinissä, puissa, kasveissa, perhosissa, aivan kaikessa. Hän muistaa, kuinka hän ajoi takaa sudenkorentoja, perhosia, mehiläisiä

Mangojen ja autuuden täyteinen lapsuus

ja lintuja metsässä kotinsa ympärillä. Joskus, kun Amma sai ne kiinni, mehiläiset ja sudenkorennot pistivät häntä ymmärtämättä, että hän halusi vain laulaa niille lauluja. Hän keksi spontaanisti lauluja tanssiessaan autuudessa läpi metsän, kertoen tarinoita puille ja kukille. Hän puhui koko luonnolle kuin läheiselle ystävälleen, koska Ammalle luonto todella oli sellainen.

Kun olemme autossa ja Amma näkee joen, hän muistaa kuinka kaikilla lapsilla oli tapana käydä uimassa takavesissä. Jos heidän ei sallittu uida, tytöt kahlasivat joessa pidellen hameitaan polvien yläpuolella. Näin he pystyivät leikkimään joessa pitäen vaatteensa kuivina, eivätkä heidän äitinsä näin saaneet tietää.

Amman ollessa pieni, hän ja muut lapset ryntäsivät kovalla tuulella ulos mangopuiden luokse ja rukoilivat kiihkeästi, että tuuli pudottaisi hedelmiä maahan. Nykyään pelkkä tuulen ääni muistuttaa Amma noista viattomista rukouksista.

Tämän päivänä maailmassa koko luomakunta huutaa jumalaisen Äidin parantavan kosketuksen perään – ei ainoastaan ihmiset, mutta myös Luontoäiti itse. Amman varttuessa kyläläisten syvä yhteys luontoon salli heidän arvostaa sitä, kuinka Luontoäiti jatkuvasti antaa meille epäitsekkäästi.

Nykyään asiat ovat päinvastaisesti: kunnioituksen puutteemme on johtanut jatkuvaan luonnon tuhoamiseen. Suojellaksemme maailmaa jossa elämme, meidän tulee vakiinnuttaa uudelleen kaikkia olentoja kohtaan suunnatut huolenpidon ja kunnioituksen perinteiset arvot.

Muutama vuosi sitten Mauritiuksen saarella Amma vaati mennä erääseen tiettyyn taloon siunatakseen talon ja perheen, joka omisti sen. Perhe ei asunut siellä enää ja talo seisoi tyhjillään. Meidän muiden mielestä oli aivan turhaa, että Amma vaivautuisi moisen takia. Amma oli juuri antanut darshania läpi koko yön ja me halusimme hänen lepäävän. Mutta hän oli järkkymätön.

Hän halusi palata paikkaan, jossa oli vieraillut vuosia sitten sanoakseen "Kiitos" niille puille ja kasveille ja talon seinille, jotka olivat antaneet hänelle suojan. Hän muistutti näin, ettei meidän ikinä tulisi unohtaa sitä perustaa, josta tulemme, ja meidän tulisi aina olla kiitollisia sille.

Luku 3

Syntynyt kohottamaan ihmiskuntaa

Amma tiesi heti alusta alkaen, että hänen elämänsä tarkoituksena oli kärsivän ihmiskunnan kohottaminen. Amman ylitsevuotavan rakkauden ilmaiseminen alkoi hänen ollessaan vain nuori tyttönen. Jo silloin hän tunsi ylitsepääsemätöntä tarvetta yrittää lieventää muiden kärsimystä kaikin mahdollisin tavoin.

Amma näkee Jumalan kaikessa. Näin ollen hän vietti suuren osan lapsuudestaan autuudessa, vaikka hän näki myös paljon sydäntä särkevää kärsimystä johtuen hänen kylänsä valtavasta köyhyydestä.

Monet kyläläisistä kärsivät äärimmäisen kovasta fyysisestä kivusta, koska heillä ei ollut varaa

Aidon rakkauden suloinen tuoksu

käyttää edes muutamaa rupiaa särkylääkkeisiin. Oli vanhempia, joiden täytyi ottaa lapsensa pois koulusta, sillä heillä ei ollut varaa ostaa edes yhtä paperiarkkia lastensa kokeita varten.

Pienet majat, joissa kyläläiset asuivat, oli tehty punotuista kookospuun lehdistä ja katot piti rakentaa uudestaan vuosittain, erityisesti ennen monsuunikautta. Jos perheillä ei ollut varaa tähän, sade tuli usein katon läpi. Äidit, joilla oli sateenvarjo, istuivat läpi yön pidellen sitä lastensa yllä ja suojellen heitä kovalta sateelta. Jos kalastajat eivät onnistuneet saamaan kalaa, kuten usein kävi, niin nuo köyhät kyläläiset eivät syöneet.

Jotkut miehet hukuttivat surunsa alkoholiin, juoden ja pelaten korttia rannalla. Kotiin tultuaan he pahoinpitelivät vaimojaan. Joskus myös ohikulkevat juopot häiriköivät. Tietäen kaiken tämän, Amma haaveili aina siitä, miten saada kaikille näille ihmisille, etenkin naisille, pienet talot, joissa olisi kaksi huonetta heidän suojakseen.

Amman ollessa lapsi monet vanhukset tulivat hänen luokseen hädissään. Hän lohdutti näitä vanhuksia luonnollisesti ja spontaanisti, antaen heidän itkeä olkapäätään vasten tai tulla syliinsä. Jos heidän perheensä eivät olleet enää kiinnostuneita auttamaan heitä, Amma toi hylätyt vanhukset mukanaan kotiinsa ja kylvetti, ruokki ja vaatetti heidät kunnolla.

Huomioidessaan muut Amma unohti itsensä ja hänestä tuli kuin osattomia kohti virtaava rakkauden ja myötätunnon joki, joka muutti tuskan toivoksi ja loi uuden ja valoisan tulevaisuuden niin monille.

Amma tunsi muiden päivittäisen kivun omana kipunaan. Hän ei ikinä ajatellut heidän sukupuoltaan. Amma vain vastasi spontaanisti tuohon häntä kutsuvaan kipuun. Hän tarjosi mitä tahansa ruokaa tai rahaa, jos hänellä oli tai mitä hän löysi, ja joskus myös varasti perheeltään auttaakseen muita. Tämä rasitti perhettä valtavasti.

Amman sisko muistelee: "Äitimme ei ikinä torunut Ammaa tämän antaessa köyhille ruokaa, mutta Amma antoi lähes *kaiken* mitä meillä oli! Hän vieraili ihmisten luona, tuli takaisin kotiin ja otti mitä tahansa he tarvitsivat meidän talostamme. Hän antoi heille riisiä, vihanneksia, vaatteita, ruokailuvälineitä jne. Olimme huolissamme jopa kylpysaippuastamme! Niihin aikoihin näimme sen varastamisena. Joskus menin kylpyhuoneeseen ja heitin pois saippuan, jolla Amma oli pessyt vanhuksia. Tunsin inhoa enkä kyennyt käyttämään samaa saippuaa, johon he olivat koskeneet. Meillä oli tapana kertoa äidille kaikesta mitä Amma teki ja häntä rangaistiin, jopa piiskattiin. Vasta nyt tajuamme, että se oli pyyteettömästä rakkaudesta syntynyttä hyväntekeväisyyttä. Pyydän Ammalta usein anteeksi kaikkea sitä, mitä aiheutimme hänelle silloin, tietämättöminä hänen pyhyydestään."

Perheessä oli neljä tytärtä ja yhteiskunnalla, sellaisena kun se silloin oli, oli monia ankaria sääntöjä naisia kohtaan: naisia ei tulisi nähdä eikä kuulla. Heidän ei tulisi puhua kovalla äänellä – edes seinien ei tulisi kuulla heitä! Maan ei tulisi tuntea heidän askeliaan. Heidän tulisi olla hiljaisia ja kunnioittavia miehiä kohtaan eikä heidän tulisi ikinä sanoa mielipiteitään ääneen.

Amma ja hänen siskonsa kasvatettiin erittäin ankarassa kurissa. Heidän äitinsä kielsi heitä puhumasta kovalla äänellä, juoksemasta tai kävelemästä lujaa; heidän tulisi laittaa vain erittäin pieni merkki otsaan, ei suurta; ja heidän ei tulisi ikinä vetää huomiota puoleensa.

Myötätunnostaan johtuen Amma ei välittänyt intialaisen yhteiskunnan kovista säännöksistä. Kasvaessaan vanhemmaksi hänen käytöksestään tuli kylän normien mukaan entistäkin kummallisempaa. Hän mursi tuon ajan naisten ympärille langetetun rautahäkin. Kun hän alkoi antaa

Syntynyt kohottamaan ihmiskuntaa

darshania ja halata ventovieraita, mukaanlukien miehiä, hänen perheensä ja muut kyläläiset olivat kauhuissaan. Tuohon aikaan monet niistä, joita Amma oli auttanut vuosikausia, hylkäsivät hänet. Amman perhettä ei voinut syyttää heidän kauhunsekaisesta asenteestaan tätä käytöstä kohtaan. He olivat huolissaan, sillä he halusivat kaikkien tyttäriensä menevän naimisiin ja olivat peloissaan, että Amman epätavallinen käytös toisi häpeää perheen nimelle.

Miten he olisivat voineet tietää, että Amman outo käytös olikin vain merkki hänen suurudestaan?

Noihin aikoihin *sanjaasit* (hindulaiset munkit) matkustivat usein kylästä kylään, opettaen ihmisille henkisyyttä. Mutta Amma ei koskaan nähnyt sanjaasia lähiseudullaan, ennenkuin hän oli noin kahdenkymmenen vuoden ikäinen. Hän hyväksyi kärsivällisesti perheensä ja kyläläisten tietämättömyyden, koska hän tiesi oman tarkoituksensa ja sen, mitä tulevaisuus piti sisällään hänen kohdallaan.

Totuus on: kun kukka puhkeaa kukkaansa ja huokuu ainutlaatuista kauneuttaan ja tuoksuaan, miten pystyt pitämään mehiläiset poissa sen luota?

Luku 4

Guru ohjaa meidät Jumalan luokse

Amma ei vain istu ja puhu henkisyydestä; hän elää sitä joka päivä, antaen meille täydellisen esimerkin. Hänen tekonsa ovat jopa voimakkaampia kuin pyhien kirjoitusten viestit. Hän on kaikkien pyhien tekstien elävä ydin. Pyhä kertomus hänen elämästään on esimerkkinä kaikista joogan poluista: karma (epäitsekäs toiminta), bhakti (antaumus) ja jnana (tieto).

Amma muistuttaa jumaluuden olevan *kohtalomme* ja hän yrittää herättää meissä janon ikuista onnea kohtaan. Voimme nähdä Jumalan käsin kosketeltavalla tavalla gurun tekojen kautta. Amman kanssa voimme nähdä ja tuntea jumalaisen rakkauden *omana* kokemuksenamme.

Koko fyysisen ja henkisen evoluutiomme kiertokulku on täydellisesti suunniteltu. Niinpä

Aidon rakkauden suloinen tuoksu

meidän tulee oppia antautumaan, jotta voimme mennä kivun tuolle puolen ja saavuttaa jumalaisen liiton viimeisen vaiheen. Tosiasiassa luomme kaikki omat ongelmamme mielemme negatiivisen asenteen kautta. Myötätunnossaan guru luo tilanteita, jotka tuhoavat tämän negatiivisuuden ja hajottavat egon. Hitaasti ego kuluu loppuun.

Espanjalainen nainen, joka ei ymmärtänyt englantia, vieraili ashramissa. Hän halusi ostaa jotain makeaa, joten hän meni kahvilaan, missä ruokalista on kirjoitettu kokonaan englanniksi. Hän osti palan kakkua, sillä sitä mainostettiin sanoilla 'without ego' (ilman egoa). Hän ajatteli Amman olevan erittäin myötätuntoinen tarjotessaan kakkua ilman egoa - vaikkakin kyltti oli itse asiassa sanonut 'without eggs' (ilman munia)! Emme ikinä tiedä millä tavoin Amma työskentelee kanssamme...

On olemassa koskettava tarina oppilaasta, joka tuli jokainen ilta kuuntelemaan henkisen mestarinsa puheita. Koko ensimmäisen vuoden ajan mestari jätti tämän oppilaansa täysin huomiotta, vaikka tämä osallistui *satsangiin* (henkinen puhe) aina. Jokapäiväinen huomiotta jättäminen sai miehen erittäin turhautuneeksi ja jopa vihaiseksi, mutta hän jatkoi silti osallistumista pitäen vihansa kurissa.

Toisena vuonna, puheen alussa, mestari pyysi oppilasta istumaan eteensä. Mies uskoi, että hän vihdoin saisi huomiota, mutta mestari jätti hänet edelleen tahallaan huomioimatta koko puheen ajan.

Ajan kuluessa vähitellen syvenevä surullisuus syrjäytti oppilaan vihan. Tämän prosessin kautta oppilaan ego hitaasti suli ja hänen mielensä hiljeni täysin. Eräänä päivänä oppilaan tuntiessa surunsa totaalisen pohjan, guru tuli hänen lähelleen. Hän kosketti oppilaan kasvoja hellästi ja katsoi tätä syvälle silmiin. Juuri tuolla hetkellä oppilas valaistui kärsivällisen ja myötätuntoisen mestarinsa armosta.

Vasta kun egomme alkaa sulaa ja meistä tulee olemattomia, meistä alkaa tulla jotain. Amma sanoo, että vasta sitten alamme todella tulla osaksi kaikkea.

Jokainen Amman teoista ilmentää hänen opetuksiaan. Voimme opiskella tuhansia henkisiä kirjoja ja kuunnella satoja trendikkäitä opettajia, mutta ainoastaan armo sellaiselta, joka on saanut selville sielun syvimmät salaisuudet voi johdattaa meidät päämääräämme. Todellakaan mikään muu ei pysty siihen.

Amma sanoo, ettei ole hänen asiansa kertoa meille kaikkea; meidän tulee itse oppia elämästä. Hän on jakanut lukemattomia henkisiä totuuksia yhä uudestaan ja uudestaan. Hän on viisauden lähde. Rakastamme katsella häntä ja kuunnella hänen satsangejaan, mutta useimmat meistä luulevat tietävänsä jo kaiken. Olemme lukeneet kaikennäköisiä henkisiä kirjoja jokaisesta mahdollisesta henkisyyden perinteisestä ja modernista muodosta. Silti, kuinka moni meistä yrittää oikeasti harjoittaa henkisiä periaatteita?

Persian suurvisiiri Abdul Kassem Ismael eli 900-luvulla. Hän oli niin kiintynyt tietoonsa, ettei kestänyt olla erossa 117 000:n teoksen kirjastostaan. Hänen matkustaessaan neljän sadan kamelin karavaani kantoi hänen kirjojaan. Kamelit oli koulutettu kävelemään kantamiensa kirjojen mukaisesti aakkojärjestyksessä. Tämä on tositarina.

Vaikka meillä olisikin kaikki mailman tieto sisällämme, sitä on vaikeaa tuoda esiin oikealla hetkellä. Tämän vuoksi tarvitsemme Amman kaltaisen todellisen mestarin ohjaamaan meitä.

Intian kiertueella muutama vuosi sitten olimme matkalla seuraavaan ohjelmapaikkaan

Guru ohjaa meidät Jumalan luokse

pysähdyttyämme ensin yhteiselle piknikille. Amma istui matkailuvaununsa lattialla ja teki origamivenettä paperista. Hänen luonaan oli lapsi ja hän käski tätä katselemaan huolellisesti. Hän yritti opettaa lasta tekemään oman veneensä.

"Katso tarkasti," hän sanoi tehdessään paperin jokaista taitosta. Hän jatkoi, "Yksi, kaksi, kolme, neljä…" taitellen paperin kaksitoista kertaa. Tarvittiin niin monta taitosta yhden pienen paperiveneen tekemiseen. Katsoessani tätä tajusin, että tämä on juuri sitä, mitä henkinen mestari tekee vuoksemme: näyttää meille kuinka voimme tehdä jokaisesta teostamme, yksi kerrallaan, kauniin luomuksen – ehkäpä jopa veneen, joka vie meidät *samsaran* (elämän ja kuoleman kiertokulku) valtameren tuolle puolen!

Amma toisti ohjeet kahdesti pienelle pojalle, mutta loppujen lopuksi tämä halusi vain leikkiä veneellä. Hän ei ollut niinkään kiinnostunut oppimaan miten sellainen tehdään. Me olemme myös tällaisia monella tapaa: olemme paljon innokkaampia löytämään tavan nauttia olostamme ja leikkiä, kuin käyttämään aikaa ja kärsivällisesti oppimaan ne opetukset, joita elämä haluaa tuoda luoksemme. Onneksi Amma odottaa kärsivällisesti kunnes olemme valmiita oppimaan.

Amma tunnetaan hänen valtavasta rakkaudestaan, mutta mielestäni hänen kykynsä olla kärsivällinen on jopa ilmiömäisempi. Hän taukoamatta jatkaa pyhien kirjoitusten viestin välittämistä jokaisen tekonsa kautta.

Ainoastaan valaistunut sielu tuntee ne kaikkein tärkeimmät henkiset käsitteet, jotka auttavat meitä polullamme. Meidän tulee valita erittäin huolellisesti kenet hyväksymme henkiseksi mestariksemme, eikä koskaan tyytyä keneenkään muuhun kuin henkilöön, joka on ymmärtänyt ylimmän totuuden. Tällaisia henkilöitä on erittäin vähän. Joskus epäröimme lähestyä heitä, emmekä uskalla tulla heidän lähelleen, tietäen heidän näkevän paljaat, rumat ja itsekkäät ajatuksemme ja menneet tekomme. Heidän mielensä ovat kuitenkin niin puhtaat ja rakkautensa niin kaiken kattava, että kun he katsovat meitä, he näkevät ainoastaan viattoman lapsen virheet.

Jotkut ihmiset rakastuvat niin palavasti Ammaan, että he kysyvät pitäisikö heidän jättää maallinen elämä ja mennä asumaan ashramiin Intiaan. Yleensä Amman vastaus on, ettei perheellisenä elämisessä ole mitään vikaa, kunhan pitää lopullisen päämäärän mielessään. Amma sanoo, että menimmepä minne vaan, meidän tulisi pitää pieni tila sisällämme oikeaa kotiamme varten: oikeaa kotiamme Jumalan luona.

Luku 5

Todellisen kauneuden jäljillä

Kauneudesta on tullut jotain mitä teemme itsellemme, jotain ulkopuolelta tulevaa, jonka laitamme päällemme, melkein kuten naamio. Amma on esimerkkinä sille, kuinka todellinen kauneus säteilee sisältä päin.

Amma sanoo, "Epäitsekkyys on se, mikä sallii kauneutemme hehkua egon kuoren läpi." Hänen kauneutensa ei tule ainoastaan siitä, mitä hän jakaa kanssamme ollessamme hänen luonaan, mutta myös niistä sanomattomien ajatusten ja tunteiden hienovaraisista kerroksista, joita hän herättää meissä. Mitä enemmän ilmaisemme rakkautta ja huolenpitoa toisia kohtaan, sitä puhtaampia sydämistämme tulee ja sitä suloisemmilta "tuoksumme".

Aidon rakkauden suloinen tuoksu

Amma on kuin hajuvesitehdas, jossa luodaan maailman kauneimmat tuoksut. Minä olen vain onnekas, että olen saanut työpaikan hänen tehtaassaan ja siten vähän tuoksua on tarttunut myös minuun, kuten aivan varmasti muihinkin.

Kun matkustamme, kaikenlaiset ihmiset liikuttuvat syvästi Amman jumalaisesta energiasta – lentoyhtiön henkilökunta, siivoojat, turvamiehet ja monet muut matkustajat ja lentokentän henkilökunnan jäsenet. Monilla heistä ei ole ollut koskaan mahdollisuutta saada Amman darshania. Erään kerran, kun olimme lähdössä Intiasta, suuri ryhmä työvuorossa olleita poliiseja tuli saattamaan Amman koneeseen, kuten he yleensäkin tekevät. Tämä turvatoimi on täysin tarpeeton, mutta se vaikuttaa olevan poliisien lempitehtävä, sillä he kaikki kilpailevat toistensa kanssa päästäkseen lähelle Ammaa ja kävelläkseen hänen vieressään.

Minne tahansa menemmekin, he ympäröivät Amman ja yrittävät suojella häntä väkijoukolta, vaikka ketään ei olisi edes paikalla! Vaikka minä yleensä kävelen Amman kanssa matkustaessamme, en ole heidän tärkeiden saatettavien listallaan ja he usein pitävät minua hyvinkin näkymättömänä. Joskus minun tarvitsee taistella tieni heidän lävitseen saadakseni Amman kiinni. Hän usein odottaa minua, mutta joskus en yksinkertaisesti pysy hänen vauhdissaan mukana.

Erään kerran poliisit olivat innokkaita viemään Amman mennessään ja jättämään minut keräämään laukkumme turvatarkastuksen jälkeen. Yritin saada heidät kiinni, mutta jäin muutaman minuutin jälkeen kaikista. Onnekseni Amma oli jättänyt minulle jäljet, joita seurata, polun onnellisia ja autuaita ihmisiä. Koko matkan kohtasin onnesta täynnä olevia ihmisiä, joten tiesin täsmälleen mihin suuntaan Amma oli mennyt!

Olen yleensä Amman kanssa kulkiessamme pikaisesti väkijoukon läpi, joten saan nähdä ihmisten innostuksen heidän tervehtiessääan Ammaa, mutta en näe kohtaamisen pidempiaikaisia vaikutuksia. Kävellessäni yksin tuona päivänä, minulla oli aikaa huomata se hurmos, jonka Amma lahjoitti kaikille niille, jotka olivat kosketuksissa häneen. Se oli kuin ilon aallon kokemista hänen jäljessään!

Amma kykenee innoittamaan meitä darshanillaan, mutta myös pelkällä katseellaan, hymyllään tai kosketuksellaan. Amman ilo virtaa meihin pelkästään ollessamme hänen läheisyydessään.

Eräänä aamuna *brahmasthanam* (temppeli, jossa on Amman suunnittelema nelitahoinen jumaluushahmo) ohjelmassa Bangaloressa, Amma pyysi

Aidon rakkauden suloinen tuoksu

seuraajiaan kuvittelemaan, kuinka he kaatavat jugurttia, gheetä ja ruusuvettä rakkaan jumalhahmonsa jaloille. Kun kaikilla oli silmät suljettuina syvässä meditaatiossa, Amma otti vierellään *peethamilla* (korotettu lava, jolla guru istuu) olevan ruusun ja siirsi sen viereensä toiselle puolelle, laskien sen alas esimerkkinä ruusun asettamisesta rakkaan jumalhahmomme jaloille.

Ainoastaan yhdellä nuorella naisella yleisön joukossa oli silmät auki. Sen sijaan, että hän olisi sulkenut silmänsä, hän tuijotti hartaasti Ammaa. Hän piti olallaan pientä, nukkuvaa lasta. Amman leikkisä katse kohtasi naisen katseen kanssa ja naisen kasvot syttyivät ilosta. Amma hymyili hyvin hellyttävästi ja tuo nainen oli ainoa henkilö koko katsomossa, joka näki sen. Hän rutisti lastaan liikutuksessaan ja sulki silmänsä muutamaksi sekunniksi autuaana. Sitten hän avasi taas silmänsä ja säteili ylitsevuotavan kuplivaa iloa.

Huomasin tämän katseiden vaihdon ja jäin myös kiinni siihen hurmiolliseen hetkeen, kun näin Amman ampuvan nuolen suoraan jonkun sydämeen. Hän auttoi tuota henkilöä kokemaan sen syvän autuuden, joka on hänessä itsessään. Olin niin iloinen, että tämä nuori äiti sai jakaa niin henkilökohtaisen ja sydäntä lämmittävän

Todellisen kauneuden jäljillä

hetken Amman kanssa. Hänen oli luultavasti täytynyt uhrata hyvin paljon vain voidakseen nähdä Amman, edes tämän yhden ohjelman ajan.

Minusta oli kaunista nähdä tuon naisen ilo. Koin melkeinpä yhtä paljon onnea kuin hän! Meidän tulisi yrittää kokea oma ilomme muiden onnen kautta. Meidän ei tarvitse olla se, joka menee darshaniin; voimme jakaa kokemuksen ja tuntea saman ilon olemalla yksinkertaisesti Amman läheisyydessä ja tarkkaillessamme sitä vaikutusta, joka hänellä on ympärillään oleviin. Amma löytää keinon avata jokainen sydän tavalla tai toisella.

Amma viettää jokaikisen sekunnin olemassaolostaan nähden kaikessa kauneuden ja aidon todellisuuden. Hän näkee Jumalan olemassaolon jokaisessa ja kaikessa, ja yrittää kaikkensa jakaakseen tuon näyn kanssamme. Hän haluaa vain parasta meille, viedäkseen meidät siihen tilaan, jossa hän on ja auttaakseen meitä kokemaan saman todellisuuden kuin hän. Tämän takia Amma on niin kaunis – hänen myötätuntonsa loistaa jokaisen katseen läpi. Hänen silmänsä tuikkivat aina jumalaista valoa.

Luku 6

Ymmärtävä Äiti

Amma katsoo syvään jokaista hänen luokseen tulevaa. Hän näkee, että heidän egonsa ja ongelmansa ovat kehittyneet ainoastaan menneisyydessä koetun kivun tähden. Kun me saatamme väheksyä jotain tiettyä henkilöä kokien hänet ärsyttävänä tai turhauttavana, Amma sen sijaan antaa rakkautta, joka sulattaa hänen tuskansa. Siinä on se kauneus, joka on hänessä ja kaikessa mitä hän tarjoaa meille. Hän ymmärtää meitä syvemmin kuin voimme ikinä ymmärtää.

50-vuotispäivänäni olimme matkustamassa erääseen ohjelmaan, kun Amma yhtäkkiä kääntyi puoleeni ja kysyi, "Mikä päivä tänään on?" Sanoin etten tiedä. Amma kysyi Swamijilta. Hänellä ei myöskään ollut mitään käsitystä. Kysyin autokuskilta ja hän kertoi minulle päivämäärän. "Oi!" huudahdin... Se vain pääsi suustani.

Aidon rakkauden suloinen tuoksu

Amma kysyi mikä oli vialla. Vastasin, "Amma, tänään on 50-vuotissyntymäpäiväni, en ollenkaan muistanut." Myöhemmin eräät henkilöt saivat tietää syntymäpäivästäni ja järjestivät kakun sekä erityisen syntymäpäivädarshanin. Se oli kaunis yllätys ja kokemus silloin, mutta syntymäpäivän juhliminen on jotain, mitä en yleensä ikinä tekisi. Luostarilaisten ei oikeastaan tulisi juhlia syntymäpäiviä enkä ikinä tarkoituksella muistuttaisi Ammaa syntymäpäivästäni. Nyt kauhukseni vaikuttaa siltä, että kaikki tietävät syntymäpäiväni!

Pari vuotta myöhemmin muutamat ihmiset päättivät taas järjestää minulle syntymäpäiväjuhlat. Tietäen, että näin saattaisi tapahtua, sanoin heille moneen kertaan etten halunnut heidän järjestävän mitään erityistä sille päivälle.

Mutta ihmiset innostuvat syntymäpäivistä. Kakku oli valmiina ja minua käskettiin menemään Amman luo darshaniin. En ilahtunut saadessani tietä tästä ja kieltäydyin menemästä lavalle. Se oli erittäin kiireinen päivä Ammalle ja valtava väkijoukko osallistui ohjelmaan. Nämä syntymäpäivähäiriköt menivät lavalle ja pyysivät Ammaa kutsumaan minut luokseen. Amma katsoi heitä kummissaan ja sanoi, "En

Ymmärtävä Äiti

tiedä pitääkö hän sellaisesta, teidän tulisi kertoa hänelle, ettei hänen tarvitse tulla jos ei halua."

Kun he toivat viestin siitä, mitä Amma oli sanonut, sanoin olevani erittäin onnellinen. Se muistutti minua siitä, että on olemassa ainakin *yksi* henkilö, joka todella ymmärtää minua. Amma tiesi, mitä ajattelin syntymäpäivien juhlimisesta. Tieto siitä, että Amma ymmärtää minua vaikka kukaan muu ei ymmärtäisikään, oli paras lahja, minkä olisin ikinä voinut saada.

Amma on meidän kaikkien äiti, joka hyväksyy kaikki, pitää huolta ja todella välittää kaikista olennoista tasavertaisesti. Hän kuuntelee kaiken yksityiskohtaisesti ja hyväksyy ihmisen ja hänen tunteidensa kaikki puolet, ne joista olemme tietoisia, kuten myös syvällä alitajunnassa olevat.

Joskus Amman aloittaessa satsang-tarinan, saatamme ajatella, "Olen kuullut tämän tarinan aiemminkin." Silti, jos vain olemme avoimia ja tietoisia, voimme ymmärtää asiat eri kantilta joka kerta, kun kuulemme kertomuksen. Joskus kestää vuosia ymmärtää Amman vastaavan johonkin sisällämme, joka on paljon syvemmällä kuin olisimme ikinä voineet kuvitellakaan;

paljon syvemmällä kuin ne pinnalliset tasot, joilla yleensä toimimme.

Amma ymmärtää ihmisiä paremmin kuin heidän omat vanhempansa. Vanhemmat saattavat rakastaa lapsiaan, mutta se ei tarkoita, että he todella ymmärtävät näitä. Tiedän erään teinipojan, jolla oli toteuttamaton haave. Hän oli lävistänyt korvansa pienillä koruilla, mutta halusi isommat, muodikkaammat korut. Hän kysyi äidiltään ja isältään voisiko hän saada suuremmat korvakorut.

He sanoivat, "Ei, et todellakaan voi." He todella vastustivat ajatusta. Sitten eräänä päivänä hän meni Amman luokse darshaniin ja Amma sanoi hänelle, "Onpa todella kauniit korvakorut, mutta etkö olekin sitä mieltä, että hieman isommat sopisivat sinulle paremmin?" Tämän poika meni onnellisena kertomaan vanhemmilleen, "Näettekö, Amma ymmärtää minua jopa paremmin kuin te!"

Amma tunsi hänet ja hänen toiveensa. Tätä tapahtuu koko ajan, sillä Amma on yhtä oman aidon perusolemuksemme kanssa. Koska hän tuntee Itsensä, hän tuntee myös meidät. Me emme tiedä keitä me oikeasti olemme. Tunnemme vain ne ajatukset ja tunteet, jotka sumentavat mielemme. Ne ottavat vallan ja sanovat, "Tämä on mitä olet: olet liian lihava tai liian laiha; olet liian tumma tai liian vaalea; sinulla on väärä hiusten väri..." Amma tuntee meidät oikeasti, syvemmin kuin tunnemme itsemme, aina solurakenteeseemme asti. Älä ikinä epäile tätä.

Seitsemäntoista tuhatta oppilasta opiskelee Amman yliopistossa Intiassa. Erään kerran yksi asuntolassa asuvista oppilaista sanoi toiselle, "Täällä on ihan kuin vankilassa; emme voi tehdä mitään hauskaa, tämä on kuin vankila." Heti seuraavan kerran hänen mennessä darshaniin, Amma kysyi häneltä, "Mitä vankilaan kuuluu?" Amma otti asian esille täysin omasta aloitteestaan.

Oppilas oli tyrmistynyt, täysin tyrmistynyt siitä, että Amma pystyi ymmärtämään hänen mielentilansa. Tämä muutti hänen tilanteensa kokonaan ja siitä eteenpäin hän pystyi sopeutumaan kaikkiin sääntöihin. Hän tiesi, että oli todellakin jokin mihin hän voisi aina mennä, missä joku ymmärtäisi häntä täydellisesti, paremmin kuin hänen vanhempansa, jopa paremmin kuin hänen parhaat ystävänsä.

Aidon rakkauden suloinen tuoksu

Amma syleilee ja ottaa vastaa jokaisen osan meistä, aina kaikkien pimeimpien varjojemme syvimpiä tasoja myöten. Hän ymmärtää meitä paremmin kuin voimme itse ymmärtää itseämme. Hän näkee ja hyväksyy meidät täysin, kuullen kaikki ajatuksemme ja toiveemme. Mitkään heijastumat eivät vaikuta hänen havaintoihinsa, sillä hän on irrallaan eikä ajattele omia tunteitaan. Hän menee puhtaimman sielumme syvyyksiin, antaen tuon kauneimman osamme nähdä päivänvalon.

Luku 7

Rakkauden tuoksu

Amma rakastaa meitä enemmän kuin voisimme ikinä kuvitellakaan. Hän kurkottaa puoleemme samalla muistuttaen, "Jokaisen sisällä on ääni, joka itkee saadakseen tuntea aidon rakkauden suloisuuden, mutta se jää kuulematta. Olemme syntyneet kokemaan aidon rakkauden ja sen kokeminen on rikkautemme, mutta se on todella mitä harvinaisin asia, aidon rakkauden kokeminen tässä maailmassa." Amma antaa meille toivoa vastaamalla tuohon sisällämme itkevään ääneen. Hän antaa sitä rakkautta, jota todella kaipaamme.

Muistan kerran, kun matkustimme Intiassa, kuinka eräs syöpää sairastava henkilö puhui Amman kanssa puhelimessa. Amma alkoi itkeä hiljaa, joten tyttö yritti piristää häntä puhelimen toisessa päässä. Silti Amma kyynelehti.

Tyttö toisteli, "Amma, kaikki on hyvin. Tunnen armosi. Kaikki on hyvin."

Kun he lopettivat puhelun, Ammalla oli edelleen kyyneleitä silmissään. Istuin Amman vieressä ajatellen itsekseni, 'Miksi Amma on niin surullinen? Hän tietää totuuden: että tämä keho ei ole ikuinen.' Sanoin hänelle, "Amma, sinä tiedät totuuden…"

Siinä minä annoin Ammalle pienen muistutuspuheen vedantasta. Amma katsoi minua ja vastasi, "Tiedän… *mutta minä tunnen heidän tuskansa!*"

Tämä piti minut hiljaisena tovin. Tunsin niin paljon häpeää. Menin sisälle omaan mietiskelyn kokemukseeni. Amman suuruus ei ole vain valaistumisen saavuttamisessa, vaan siinä, että hän menee huomattavasti sen toiselle puolen. Hänen elämänsä sisältää niin paljon myötätuntoa, että hän näkee kaiken kaikkialla omana peilinään.

Istuessani autossa, hiljaisuudessa ja pimeässä, minusta tuli se, joka itki hiljaa.

Katsoessani Ammaa, mieleeni tuli myötätunnon komeetta, joka matkaa kaiken toiselle puolelle ja tulee takaisin maapallolle, meidän tasollemme, toteuttaakseen meidän toiveemme siunausten kera. Hän yrittää opettaa meitä elämään myötätuntoista elämää.

Eräänä yönä brahmasthanam-ohjelman lopussa Mangaloressa, eräs henkilö odotti Ammaa muiden joukossa. Amma ei ollut nukkunut lainkaan. Hänellä oli juuri ja juuri aikaa peseytyä ja vaihtaa vaatteet ennenkuin meidän täytyi lähteä seuraavaan ohjelmaan. Edessämme oli pitkä ajomatka Hyderabadiin.

Tämä mies oli itkenyt jonkin aikaa. Hän oli tehnyt töitä kellon ympäri kolmen ohjelmapäivän ajan, tehden *sevaa* (palvelutyötä) järjestämällä yösijoja kaikille Ammaa katsomaan tulleille ihmisille. Hän ei ollut pystynyt tulemaan itse ohjelmaan, sillä poliisi oli lukinnut ashramin portit väkijoukon suuruuden takia. Hän oli kovin hädissään ajatellessaan, että oli jäänyt ilman Amman darshania.

Kun Ammalle kerrottiin, että tämä mies oli tehnyt töitä niin paljon eikä kerinnyt darshaniin, Amma unohti oman väsymyksensä ja kiirehti miehen luokse, antaen tälle hurmaavan halauksen ja pitäen tätä lähellään pitkään.

Mies päätyi menettämään tajuntansa, koska oli niin häkeltynyt Amman rakkaudesta ja myötätunnosta häntä kohtaan. Kun hän pyörtyi,

Amma istui portaille pidellen häntä, kutsuen jotakuta tuomaan miehelle hieman kookosvettä. Mies halusi nousta ylös, mutta Amma vaati, että hän odottaa kunnes on juonut kookosveden. Hän ei voinut uskoa onneaan eikä Amman myötätunnon määrää tämän antaessa hänelle niin pitkän halauksen.

Silloin ymmärsin, että tämä on varmaan syynä siihen, ettei Amma voi antaa joillekin intialaisille kuin yhden sekunnin darshanin. Sillä jos he saisivat enemmän, kuten tämä mies, se voisi olla liikaa heille! Vain yhdessä sekunnissa Amma voi antaa meille aivan kaiken.

Aivan kuten Kuchelan annettiin tarjota Krishnalle vain yksi suullinen riisiä, mekin tarvitsemme vain yhden sekunnin Amman darshania ja antaumuksen polku avautuu edessämme. Polku, jonka varrella on kaikki se henkinen vauraus, joka elämällä on meille tarjota.

Perinteen mukaan Radha näki Krishnan vain kerran Yamuna-joen rannalla. Siitä hetkestä lähtien hän rakasti Krishnaa aina ja yhdistyi häneen sydämensä kautta. Vaikka saisimme kokea vain yhden Amman darshanin, hän ei ikinä unohda meitä ja tulee aina rakastamaan meitä syvästi, läpi iäisyyden.

Rakkauden tuoksu

Amma sanoo, "Jos sydämesi ei voi sulaa myötätunnosta muita kohtaan, et tule ikinä ymmärtämään mitä sana 'Rakkaus' todellisuudessa merkitsee; se tulee olemaan vain termi sanakirjassa." Meidän tulee oppia avaamaan sydämemme niinkuin Amma tekee. Hänen kanssaan ei ole mitään rajoja. Hän sulaa kaikkiin. Mikään ei ole erillistä hänestä.

Jos voimme samaistua toisten kärsimykseen ja iloita heidän onnestaan… nähdä ilo jonkun toisen darshanissa kuin se olisi omamme, silloin tiemme taivaaseen on ruusunlehtien päällystämä. Se on erittäin vaikeaa. Siksi Amma muistuttaa meitä jatkuvasti, "Olemme aina aloittelijoita."

Amma on rakkauden virta. Hän ponnistelee parhaansa mukaan vuodattaakseen kaikille niin paljon rakkautta ja huomiota kuin vain voi, joka päivä. Amma on jumalatar joukossamme, eläen lähellämme kuin tavallinen ihminen, mutta rakastaen meitä epätavallisen yliluonnollisella tavalla.

Luku 8

Täydellisen mestarin rakkaus

Kaikista mahtavin voima tässä maailmassa on rakkaus, joka valaistuneella sielulla on meitä kohtaan. He rakastavat aidosti, haluamatta mitään itselleen. He uhraavat elämänsä vapauttaakseen meidät. Emme löydä mistään, emme yksinkertaisesti mistään maailmassa mitään kauniimpaa, anteliaampaa ja luottavaisempaa kuin se rakkaus, jota täydellinen mestari meitä kohtaan tuntee.

Kun Buddha saavutti valaistumisen sanottiin, ettei hän ikinä halunnut jättää tuota autuasta olotilaa. Mutta heti kun hän kosketti maata kädellään, maa puhui jokaisen ruumillistuneen sielun puolesta, pyytäen, että hän näyttäisi kaikille olennoille tien ulos kurjuudesta. Mitä muuta Buddha saattoi tehdä kuin palata?

Aidon rakkauden suloinen tuoksu

Tämä on todellista rakkautta, niin vilpitöntä ja aitoa rakkautta, että vain harvat kohtaavat sen edes unelmissaan. Vain harvat meistä ovat niin onnekkaita, että koemme tämän kaltaisen rakkauden hereillä ollessamme. Olemme harvoin valmiita, tai edes kykeneviä ottamaan tällaista rakkautta vastaan, saati sitten antamaan sitä.

Sanotaan, että kaikkein suurin uhraus Mahatmalta on tulla alas tänne maailmaan ja elämään keskuudessamme kaikessa tietämättömyydessämme. Mutta he ovat valmiita tekemään tämän uhrauksen.

Buddhan ollessa nuori hänellä oli joitakin vihollisia, jotka olivat erittäin kateellisia ja halusivat häpäistä hänet. He lähettivät hänen luokseen aikansa kuuluisimman kurtisaanin. Buddha rakasti häntä kuten hän rakasti kaikkia, mutta isällisellä rakkaudella.

Vaikka kurtisaani oli erittäin kaunis, hänen mielensä ei ollut enää viaton. Hän yritti tarjota itseään Buddhalle. Buddha hymyili naiselle jumalaisella puhtaudella. Hän torjui naisen romanttiset lähentelyt sanoen, "Rakastan sinua sitten, kun kukaan muu ei rakasta sinua. Rakastan sinua kun kaikki muu rakkaus on hylännyt sinut." Tämän kuullessaan nainen suuttui ja lähti tiehensä.

Täydellisen mestarin rakkaus

Neljäkymmentä vuotta myöhemmin Buddha oli lähellä kuolemaansa. Häntä kannettiin puisilla paareilla kohti viimeistä lepopaikkaa, kun hän näki riepuihin pukeutuneen hahmon kyyristyneenä vasten läheistä seinää. Se oli spitaalinen, vanha kyttyräselkäinen nainen, jonka kasvot olivat puoliksi syöpyneet.

Buddha käski häntä kantavia apujoukkoja pysähtymään. Hän laskeutui hitaasti paareilta ja käveli naisen luokse. Hän kietoi kätensä naisen ympärille rakastavasti halaten ja muistutti naista, että hän tulisi *aina* rakastamaan tätä.

Tämä on sellaista rakkautta, jota Amma tuntee meitä kohtaan: universaalia rakkautta, joka ylittää kaikki rajat. Hän muistuttaa meitä jatkuvasti tekojensa kautta, että hän tulee aina rakastamaan ja suojelemaan meitä.

Amma laskeutuu tasollemme ja on olevinaan kuten me, jotta hän voi viedä meidät ylemmäs. Se on jumalaista leikkiä. Amman ei tarvitse nähdä vaivaa tehdäkseen kaiken sen, mitä hän tekee vuoksemme: tullen esiin joka päivä, uudestaan ja uudestaan, välittämättä olotilastaan; uhraten itsensä meille kaikin mahdollisin tavoin. Tarkastellessamme ketä tahansa gurua historiassamme, löydämmekö ketään, joka on tehnyt läheskään yhtä paljon? Enpä usko.

Amman rakkaus, tuo äidillinen rakkaus, jota hänellä on meitä kohtaan, ei ikinä väsy antamaan aikaansa ja ponnistelemaan ohjatakseen meitä, viihdyttääkseen meitä ja laulaakseen kauniita bhajaneita meille. Jos emme pysty omaksumaan hänen opetuksiaan niiden ajatuksien ja sanojen kautta, joita hän jakaa satsangeissaan, voimme oppia hänen bhajaneistaan tai tarkkailemalla hänen toimiaan.

Eräänä vuonna Kalkutassa, darshan ohjelman loputtua, Amma päätti mennä kadulle keräämään roskia, auttaen Amala Bharatam kampanjaa siivoamaan Intiaa.

Amman tiukka aikataulu rajoittaa häntä, ja hän kykenee harvoin lähtemään ulos ja osallistumaan henkilökohtaisesti moniin palveluprojekteihinsa, mutta tuona iltana ohjelma loppui vähän jälkeen kymmenen, mikä oli aikaista Ammalle. Vaikka hän oli juuri istunut yksitoista tuntia yhtämittaa antaen darhania, hän käytti vapaan yönsä marssien innokkaasti ulos ja yhtyen joukkoon omistautuneita palvelutyöläisiä, valmiina siivoamaan Kalkutan katuja. Pitkän päivän lopussa

Täydellisen mestarin rakkaus

tämä oli sitä, miten hän halusi levätä ja rentoutua: keräten roskia kadulta.

Aseistautuneina hanskoilla ja kasvosuojuksilla, kävelimme himmeästi valaistulle kadulle. Useimpien ihmisten sydämet hakkasivat lujaa, syynä sekoitus epäitsekkään palvelutyön tuomaa jännitystä ja iloa sekä hiven pelkoa siitä, mitä löytäisimme sukeltaessamme siihen vuosia kertyneeseen saastaan, joka reunusti teitä paksulti.

Saapuessamme määrättyyn paikkaan aloittaaksemme siivouksen, Amma oli ensimmäisenä kumartumassa ja keräämässä roskia, lapaten törkyä säkkeihin, jotka lastattiin kuorma-autoon. Amma sanoi minulle, että minun tulisi pysytellä hänen luonaan. Kaikki suuret suunnitelmani liejuun sukeltamisesta romuttuivat kun tajusin, että minun tulisi pitää ainakin yksi käsi puhtaana, jotta voisin pitää Amman saria laahaamasta mudassa ja liejussa ja auttaakseni hänet ylös maasta.

Mutta minut yllättikin täysin se, että joka kerta mennessäni auttamaan Ammaa ylös, hän oli jo ponkaissut ylös itse, ilman, että tarvitsi apua ollenkaan! Olin täysin hämmästynyt. Hän nousi ylös hyvin nopeasti, aivan kuin urheilija olisi tehnyt.

Mietin, miten jäykät ja kipeät hänen lihastensa täytyi olla hänen istuttuaan lavalla risti-istunnassa tuntitolkulla läpi satsangin, bhajaneiden ja sitten koko päivän ja illan kestävän darshanin, ilman mahdollisuutta liikkua ollenkaan. Mutta näin ei näyttänyt olevan.

Yritin keskittyä hieman enemmän, jotta voisin olla nopeampi ja päästä hänen luokseen ajoissa auttaakseni hänet ylös. Mutta miten paljon tahansa yritinkin, en vain ollut tarpeeksi nopea ehtiäkseni autttamaan häntä.

Tämä todella näytti minulle miten uskomatonta voimaa ja energiaa todellinen rakkaus saa aikaan, jos meillä on omistautunut ja tietoinen asenne. Amma näyttää meille aina palvelutyön teoillaan ja niin monin muin keinoin, että meistäkin voi tulla energian voimanlähteitä, jos todella yritämme. Amma sanoo, "Siellä missä on todellista rakkautta, ei ole ponnistelua." Hän on elävä esimerkki näistä sanoista.

Kun tarkkailemme Ammaa näemme, että *kaikki* mitä hän tekee ilmentää hänen meitä kohtaan tuntemaansa rakkautta ja myötätuntoa. Tämän hän näyttää meille istuessaan antamassa darshania, nousematta ylös, joskus tauotta yli vuorokauden. Hän syleilee kaikkia, jotka tulevat hänen luokseen, huolimatta siitä keitä he ovat ja riippumatta ajasta tai paikasta. Hän suhtautuu

Täydellisen mestarin rakkaus

ihmisiin heidän uskottunaan, kuunnellen heidän tarinoitaan, valituksiaan, huoliaan ja ongelmiaan. Ei ole väliä, vaikka hän olisi väsynyt tai kipeä. Hän antaa silti aikaansa muille, laittaen heidän tarpeensa omiensa edelle.

Kaikki mitä täydellinen mestari tekee, on *täysin* meidän hyväksemme. Heillä ei ole mitään voitettavaa itselleen. Amman toive on, että hän voi tarjota elämänsä, millä tavalla tahansa, tuodakseen tilkan onnea ja rauhaa toisten mieliin.

Luku 9

*K*ivien muuttaminen kullaksi

Meille annetaan monia siunauksia elämässä, niin paljon hyviä neuvoja ja opastusta, etenkin Ammalta. Hän vuodattaa meille armoaan jatkuvasti, mutta tästä huolimatta muutumme usein hitaasti. Hänen kärsivällisyytensä on uskomatonta hänen odottaessaan meidän kehittyvän. *Mahatmat* (suuret sielut) tulevat tähän maailmaan auttaakseen meitä kasvamaan. He elävät elämänsä asettaen parhaimman mahdollisen esimerkin meille, mutta he eivät pakota meitä parantamaan itseämme – se meidän tulee tehdä itse.

Kun mahatmat pyhittävät temppelin, he siirtävät *sankalpallaan* (jumalainen päätös) ja henkäyksellään elävän voiman kiviseen esikuvaan. Amman toimittaessa *pratishta* (vihkiminen) seremonioita, hän täyttää liikkumattoman kiven

Aidon rakkauden suloinen tuoksu

elämänvoimalla. Niinä hetkinä kaikki voivat tuntea voimakkaat värähtelyt ilmapiirissä ja meillä on mahdollisuus tuntea kuinka äärimmäisen vaikuttavaa Amman energia on.

On surullista ajatella, että liikkumaton kivi on niin paljon valmiimpi omaksumaan Amman siunaukset kuin mitä me ihmiset olemme. Hän tarjoaa meille tuon saman energian, joka kerta darshanin antaessaan, mutta kuinka hitaita olemmekaan muuttumaan.

Elämä ei tule olemaan yhtä kärsivällinen meitä kohtaan kuin Amma on ja yrittää muuttaa meitä nopeammin. Tämän takia elämäämme tulee tuskaa: se *pakottaa* meidät kasvamaan. Emme aina saa tuskaa poistumaan; sen sijaan meidän täytyy yrittää kääntää kärsimyksemme joksikin myönteiseksi. Amma auttaa meitä löytämään sen sisäisen voiman, jonka avulla kestämme mitä tahansa. Hän karkoittaa pimeyden valaisemalla meidät rakkauden ja tietoisuuden valolla.

Ollessamme muutama vuosi sitten New Yorkin ohjelmassa, paikallinen Amman seuraaja kertoi minulle uskomattoman tarinan siitä, mitä hänen tyttärelleen tapahtui. Äiti oli hyvin omistautunut Ammalle, mutta hänen kaksi lastaan eivät olleet. Itse asiassa heidän mielestään heidän äitinsä oli melko outo rakastaessaan Ammaa niin paljon. He tulivat vastentahtoisesti New Yorkin ohjelmaan, ainoastaan miellyttääkseen äitiään.

Valitettavasti tyttären käsilaukku varastettiin hänen istuessaan katsomossa. Hän oli poissa tolaltaan, sillä siinä oli ollut paljon rahaa. Hän uskoi syyllisen oleva hänen lähellään istunut koditon mies, mutta hän ei voinut todistaa mitään.

Hänen äitinsä tiesi, että mitään ei ollut tehtävissä. Hän kehoitti tytärtään unohtamaan asian ja he erosivat toisistaan joksikin aikaa. Puolen tunnin kuluttua tytär löysi taas äitinsä ja kuohui innosta.

Hän sanoi, "Äiti, et tule uskomaan mitä juuri tapahtui!" Hän rupesi kertomaan kuinka hänen mennessään yläkertaan koditon mies oli tullut hänen luokseen. Miehellä oli tyttären käsilaukku kädessään ja hän palautti sen, pyytäen anteeksi, että oli ottanut sen.

Mies kertoi, että hän oli istunut katsomassa Ammaa, kun yhtäkkiä Amma oli kääntynyt hänen puoleensa ja sanonut hänelle, että hän oli tehnyt väärin. Hänen tulisi palauttaa käsilaukku, pyytää anteeksi, eikä ikinä tehdä mitään vastaavaa. Hän myönsi tunteneensa elämänsä todella muuttuneen tämän kokemuksen johdosta; ja myös tyttärelle muodostui uusi käsitys Ammasta.

Aidon rakkauden suloinen tuoksu

Amma opettaa meille kuinka rakentaa vahva arvojen ja hyvien ominaisuuksien perusta. Tämän perustan pohjalta meidän tulisi jatkaa eteenpäin, kehittäen myönteisiä tapoja: meidän tulisi elää arvojärjestelmän mukaan, joka motivoi aikomuksiamme, päätöksiämme ja tekojamme. Riippuu täysin meistä mitä saamme Amma läsnäolosta; tämä vaihtelee asenteidemme ja toimintamme mukaisesti.

Eräänä vuonna Lontoon Alexandra Palacessa, jossa Amman ohjelma järjestettiin, oli erittäin kylmä. Eräs tyttö istui tuolilla päällään lämmin villashaali, mutta hän oli silti kylmissään ja hytisi. Hänen vierellään istuvalla toisella nuorella tytöllä oli vielä vähemmän päällä ja oli selvää, että tyttö oli aivan jäässä.

Tämä henkilö ajatteli itsekseen, 'Hän palelee enemmän kuin minä... minun pitäisi oikeastaan antaa shaalini hänelle.', mutta hän oli itsekin kylmissään. Lopulta hänen myötätuntonsa voitti. Hän riisui shaalinsa ja asetti sen tytön harteille. Sillä hetkellä he molemmat lopettivat hytinän.

Lopun iltaa molemmat pysyivät lämpiminä. Tyttö yritti antaa shaalin takaisin aina kahdenkymmenen minuutin välein tuntien syyllisyyttä ajatellen, että toisen tytön täytyy palella, mutta hänellä ei ollut enää kylmä.

Meillä on voimaa sisällämme muuttaa itsemme ja maailmamme. Kun päätämme tehdä hyviä tekoja, vaikka asenteemme ei vielä olisikaan paras mahdollinen, me alamme luomaan voimaa muuttaa itsemme ja sen seurauksena armo alkaa varmasti virrata.

Ihmiset tulevat mahatman luokse odottaen kaikenlaisia ihmeitä heille itselleen ja maailmalle – he odottavat näiden olevan kuin supersankari, joka heittää taikaverkkonsa, muuttaen kaiken täydellisesti. Ja todellakin, mahatmat kuten Amma todella *ovat* supersankareita! Hän iskee meihin innoituksen kävellä totuuden ja *dharman* (oikeudenmukainen toiminta) tietä. Hän ei voi kävellä meidän puolestamme, mutta hän kannustaa meitä aina oikeaan suuntaan, antaen ohjeita kaartaessamme väärälle polulle. Amma tarjoaa meille kartan, joka vie meidät Itse-oivalluksen lopulliseen päämäärään.

Amman jokaisen sanan ja teon tarkoitus on innoittaa meitä tekemään hyviä tekoja. Nämä myönteiset teot luovat hyvää *karmaa* (seurausten ketju) ja kumoavat jonkin verran sitä kärsimystä, jota meidän on ehkä pakko kohdata menneisyydessä tehtyjen huonojen valintojemme takia. Amman olemmassaolo iskostaa meihin perinteisiä arvoja, joita ei opita niin helposti tämän päivän maailmassa. Hän innostaa meitä tekemään hyvää, jotta voimme saavuttaa täyden potentiaalimme ihmisinä.

Luku 10

Seva – rakkauden alkemia

Kun katselee Ammaa antamassa darshania voisi kuvitella, että Amma tarvitsee paljon ihmisiä ympärilleen auttamaan; mutta todellisuudessa hän tarjoaa meille mahdollisuuden palvella, jotta *me itse* voisimme oppia. Hän antaa meidän palvella, täysin armotekona, auttaakseen meitä saavuttamaan enemmän tietoisuutta eikä siksi, että hän tarvitsisi apua. Hän pystyy tekemään kaiken täydellisesti aivan itse.

Joskus Amma saattaa lakkoilla eikä anna meidän palvella häntä vain antaakseen meille tärkeän opetuksen. Hän saattaa antaa kaikille porttikiellon huoneeseensa, lukita ovensa ja päättää tehdä kaiken itse. Hän tekee oman ruokansa, siivoaa huoneen ja pesee vaatteensa muutaman päivän ajan murto-osassa siitä ajasta mitä muilla kuluu

Aidon rakkauden suloinen tuoksu

noiden tehtävien suorittamiseen. Tämä muistuttaa meitä siitä, ettei Amma ole se, joka tarvitsee meiltä jotain. Me olemme niitä, joilla on paljon arvokasta opittavaa.

Amma usein muistuttaa meitä, "Oleellista ei ole se mitä olemme voineet vastaanottaa, vaan se mitä olemme voineet antaa, ja mikä auttaa meitä kokemaan elämän todellisen kauneuden. Jos vain otamme maailmasta, vieraannumme lopulta omasta, aidosta Itsestämme."

Luin tarinan miehestä, jonka vaimo oli kuollut kahdeksan vuotta aiemmin. Hän kävi läpi pitkän masennusjakson ja melkein harkitsi itsemurhaa. Ainoa myönteinen asia hänen elämässään oli hänen työnsä lääkärinä pienellä lääkäriasemalla.

Nähtyään monia luonnonkatastrofeja televisiossa, hän päätti haluavansa matkustaa joillekin katastrofialueista ja tarjota palvelujaan. Se, että hänen vaimonsa ei enää ollut elossa ja hänen lapsensa olivat kasvaneet aikuisiksi, salli hänen palvella tällä tavalla. Hän matkusti köyhtyneille alueille, joissa ihmisillä ei ollut pääsyä terveydenhoitoon ja auttoi kahdenkymmenen terveyskeskuksen pystyttämisessä. Lopulta nämä keskukset palvelivat kahtakymmentäseitsemäätuhatta potilasta joka kuukausi. Lääkäri huomasi, että hänen

Seva – rakkauden alkemia

masennustilansa katosi kokonaan ja hän koki uudenlaisen saavutuksen ja tarkoituksen tunteen elämässään. Nyt, toteuttaen uudelleen löytämäänsä intohimoa palvelutyötä kohtaan, hän matkustaa kaikkialle maailmassa tarjoten lääkärinpalveluja siellä, missä häntä eniten tarvitaan.

Monet meistä tuntevat vastuuta, vihaa tai apatiaa sitä kärsimystä kohtaan, jota näemme maailmassa tänä päivänä, tietämättä miten toimia sen kanssa. Tämä lääkäri ymmärsi että auttamalla muita ihmisiä hän saa vielä suuremman siunauksen kuin mitä hän antaa: rikastuneen ja tyydyttävän elämän.

Kun olemme täysin mielemme luoman verkon pauloissa, on vaikeaa avautua niille siunauksille, joita elämä jatkuvasti meille suo. Meillä on tapana hukkua omiin ongelmiimme niin, että harvoin edes mietimme muiden ongelmia. Miljoonat ihmiset ympäri maailmaa kokevat masennusta tai jonkinlaista mielen ahdistusta johtuen yksinäisyydestä, joka syntyy ihmisen joutuessa erilleen läheisistä ja ystävistä. Voimme paeta oman mielemme kärsimyksen tuskaa vain palvelutekojen ja toisten myötätuntoisen auttamisen kautta.

Eräänä päivänä kiertueella eräs vapaaehtoisista tuli Amman luokse ja myönsi, että hän kävi läpi

Aidon rakkauden suloinen tuoksu

äärimmäisen vaikeaa aikaa. Hän kertoi Ammalle olevansa Saturnuksen jaksossa ja tästä syystä hän tunsi itsensä masentuneeksi eikä halunnut tehdä enää sevaa.

Amma nauroi. Hän vastasi, "Saturnus! Mistä sinä oikein puhut? Sinä olet satgurun läheisyydessä. Jopa polttavassa autiomaassa voit tuntea viileyttä puun varjossa. Poikani, sinun tulisi silti yrittää tehdä sevaa vaikkei sinua huvittaisikaan!"

Älkäämme syyttäkö maailmaa ja toisia siitä, mitä meidän ehkä tarvitsee kärsiä läpi. Meillä ei voi aina olla oikea asenne, mutta kun saamme itsemme tekemään jotain hyvää, koska tiedämme sen olevan oikein, vaikkemme oikeastaan haluaisikaan, armon virta tulee luoksemme. Voimme vain yrittää parhaamme.

Joku kirjoitti kerran aamurukouksen, johon me kaikki voimme samaistua: "Rakas jumala, tähän mennessä kaikki on mennyt hyvin tänään. Olen pitänyt suuni kiinni. En ole juoruillut, huutanut tai menettänyt malttiani. En ole ollut ahne, ärtyisä, ilkeä, itsekäs enkä hemmotellut itseäni. Olen iloinen siitä. Mutta muutaman minuutin kuluttua tarvitsen luultavasti paljon apua... sillä olen juuri, vasta juuri nyt, nousemassa ylös sängystä!"

Seva – rakkauden alkemia

Meidän tulisi aina yrittää tehdä oikea teko oikealla hetkellä, jokaisena hetkenä, vaikka emme olisikaan motivoituneita tekemään niin. Tämä on yksi parhaista todellisen menestyksen kaavoista alalla kuin alalla, ja se auttaa meitä saavuttamaan Itse-oivalluksen lopullisen päämäärän.

Amma kehoittaa meitä olemaan rohkeita ja muistuttaa meitä, "Ette ole pieniä lampaita. Olette leijonanpentuja ja teillä on ääretön potentiaali hyödyntämättömänä sisällänne." Äskettäin kuulin Amman neuvovan jotakuta, "Ihmisen pitäisi olla kuin leijona. Kävellessään metsän läpi se kulkee jonkin matkaa ja kääntyy sitten katsomaan taakseen." Hän havainnollisti asiaa kääntämällä päätään sitä sanoessaan ja todellakin näytti uskomattomalta leijonattarelta, joka katsoo voimakkaana taakseen nähdäkseen kuinka pitkälle on tullut.

Hän jatkoi, "Jopa kilpikonna, laahustaessaan hitaasti eteenpäin, jättää jälkensä minne se kulkeekin. Voimme olla myös tällaisia, jättäen myönteisiä jälkiä maailmaan. Meidän tulisi pyrkiä jättämään jälkeemme jotain hyvää."

Olemme onnekkaita, että meille tarjoutuu niin usein mahdollisuus palvella. Se on todellakin eräs suloisimmista henkisistä harjoituksista. Mieli velloo jatkuvasti, yrittäen vetää meidät alaspäin, mutta sevaa tehdessä, palvelutyössä, voimme aktiivisesti kohdistaa energiamme hyvien tekojen tekemiseen. Tällainen ponnistelu kouluttaa mielen negatiiviset tavat uudelleen. Älä pysähdy miettimään tekeekö mielesi tehdä sitä vai ei, koska mieli muuttuu jatkuvasti. Olemme kehittäneet kiintymyksen niin moniin huonoihin tapoihin. Miksemme yrittäisi niiden sijaan kehittää uutta hyvää tapaa?

Sen sijaan, että eläisimme keskinkertaisesti, pyrkikäämme mieluummin kehittämään epäitsekkyyden asennetta. Ei kenenkään tarvitse tehdä suuria, tärkeitä tekoja, vaan kaikista pienistä, hyväntahtoisista ja epäitsekkäistä teoistamme voi syntyä jotakin todella mahtavaa.

Luku 11

Rakkauden joki

Kun Amma näkee tarpeen jossakin, hän on aina valmis täyttämään sen. Tämä on esimerkkinä siitä, mitä tarkoittaa dharmisen eli oikeamielisyyden polun kulkeminen; meidän on vain pakko yrittää tehdä oikea teko oikeaan aikaan. Ottakaamme selvää mitä voimme tehdä auttaaksemme maailmaa ja käyttäkäämme taitojamme palvellaksemme rakkaudella ja tietoisuudella. Ei ole väliä mitä teemme, vaan teon taustalla oleva asenteemme merkitsee eniten.

Eräs nainen asui Sveitsin vuoristossa noin kahden tunnin linja-automatkan päässä Zürichistä. Hänen miehensä oli eronnut hänestä ja lähtenyt, jättäen hänet kasvattamaan heidän pienen lapsensa yksin. Hänen oli erittäin vaikea tulla toimeen, sillä hän oli melko köyhä eikä saanut sosiaaliapua valtiolta.

Aidon rakkauden suloinen tuoksu

Nainen oli harras katolinen ja rukoili aina Neitsyt Mariaa. Hän oli kuullut, että Intiassa oli eläviä pyhimyksiä, mutta epäili ettei hänellä ikinä tulisi olemaan mahdollisuutta tavata yhtäkään. Eräänä päivänä kävellessään ravintolan ohi, hän huomasi lentolehtisen Amman vierailusta Zürichiin. Tuntien vahvaa halua mennä tapaamaan Ammaa, hän alkoi säästää rahaa voidakseen tehdä niin. Hän paastosi kaksi päivää säästääkseen rahat, mutta ruokki silti lapsensa.

Hän tuli alas vuorilta, eteni ohjelmapaikalle ja odotti saadakseen darshanin. Hän ei osannut englantia, eikä varsinkaan Amman kieltä ja tajusi ettei hänellä olisi mitään keinoa kertoa Ammalle ongelmistaan. Hän itki hiljaa edetessään darshanjonossa kohti Ammaa.

Kyyneltensä läpi hän huomasi naisen hieman edellään antavan Ammalle kultaisia rannekoruja tämän mennessä darshaniin. Nainen toivoi, että hänelläkin olisi jotain kaunista antaa Ammalle. Amma piti edelleen noita rannekoruja, kun oli naisen vuoro saada darshan. Hän heittäytyi Amman syliin itkien ja nyyhkyttäen, mutta puhumatta. Amma katsoi naista hyvin myötätuntoisesti, otti kultaiset rannekorut kädestään ja antoi ne naiselle.

Rakkauden joki

Sitten Amma pyysi tätä suunniltaan olevaa naista istumaan lähelleen.

Amma kääntyi naisen puoleen ja sanoi, "Pidä huolta ettet myy näitä. Sinun tulisi pantata ne, jotta saat jonkin verran rahaa ja voit pitää huolta lapsestasi. Älä huolehdi; asiat kääntyvät parempaan tulevaisuudessa."

Järkyttyneenä ja hämmästyneenä nainen meni takaisin vuorille, panttasi rannekorut ja hyvinkin pian, Amman armosta, hän sai työpaikan. Seuraavana vuonna nainen pystyi lunastamaan pantatut rannekorut takaisin, sillä hän oli saanut elämänsä ja raha-asiansa järjestykseen. Hän tuli alas vuorilta, kun Amma palasi. Mennessään darshaniin, hän laittoi iloisesti nuo samat rannekorut takaisin Amman käsiin. Hänelle Amma ei ole ainoastaan pyhimys, vaan todellakin jumalallinen.

Amma on aina valmis palvelemaan. Näin meidänkin tulisi olla valmiita sukeltamaan mukaan ja auttamaan rakastavalla sydämellä, miten vain voimme.

Eräänä yönä Amritapurissa, istuttuaan jo yli viisitoista tuntia antamassa darshania, Amma laskeutui lavalta ja käveli pitkin kapeaa kulkuväylää takaisin huoneeseensa. Ohittaessaan ruokalan hän näki kujaa reunustavien ihmisten välistä

Aidon rakkauden suloinen tuoksu

ruokailualueen tiskialtaan olevan erittäin likainen. Se oli siivoton ja tukossa ruoantähteistä. Se piti puhdistaa, mutta kukaan ei ollut tehnyt sitä. Amma pysähtyi, etsi tiensä ihmisjoukon läpi ja rupesi siivoamaan.

Vaikka hänen täytyi olla väsynyt, Amma oli valmis näyttämään oikeanlaista esimerkkiä tekojensa kautta. Amma ei pidä vapaata. Hän on aina vuorossa, valmiina opettamaan meitä kaikenlaisissa tilanteissa.

Amman alkaessa siivota tiskiallasta ihmiset olivat yhtäkkiä valmiita ryntäämään paikalle ja auttamaan siivoamisessa, mutta Amma sanoi kaikille, "Älkää vain seiskö siinä ja katsoko minua. Menkää siivoamaan *muut* tiskialtaat! Kaikki haluavat tehdä *padapujan* (gurun jalkojen palvominen), mutta tämä on *todellista* padapujaa – todellista gurun palvontaa."

Kaikilla ei välttämättä ole mahdollisuutta pestä gurun jalkoja, mutta kaikilla on mahdollisuus tarjota rakkaudellista palvelua hänen keholleen sevatehtävien kautta jossakin Amman ashrameista tai hänen ohjelmissaan. Mistä tahansa teosta, joka suoritetaan häntä muistaen, voi tulla yhtä pyhää kuin hänen lootusjalkojensa peseminen.

Rakkauden joki

Amma vastaa maailman kurjuuteen venyttäen itseään joka päivä antamaan mitä hän vain voi, huolimatta siitä miltä hänestä tuntuu. Avoimin sydämin ja innolla hän jatkaa eteenpäin, antaen aina kaikkensa huolimatta kohtaamistaan esteistä. Hän innostaa kaikkia ympärillä oleviaan tekemään samoin.

Kun Amritapurin ashram vuonna 1983 rekisteröitiin hyväntekeväisyyjärjestöksi, Amma sanoi, "Älkää tehkö minusta kuin häkissä olevaa papukaijaa. Älkää tehkö tästä järjestöstä yritystä. Sen tulisi olla ihmisiä varten, ihmiskunnan kärsimystä varten." Aivan alusta alkaen, kaikkien vuosien läpi tähän päivään saakka, Amma on pitänyt tätä ihannetta yllä totaalisesti ja tinkimättä. Hän yksinkertaisesti näkee ihmisten tarpeet ja toimii.

Amman järjestö Embracing The World on rakennuttanut yli viisikymmentä koulua Intiaan ja ulkomaille, mukaan lukien yliopiston, jossa on viisi korkeakoulualuetta. Järjestö hoitaa orpokoteja niin Intiassa kuin ulkomaillakin. Amma teki aloitteen hillitäkseen maanviljelijöiden itsemurhia, joita tapahtuu paljon monissa osissa Intiaa. Hän jakaa 59 000 eläkettä leskille ja vanhuksille sekä yli 41 000 apurahaa köyhille opiskelijoille. Hänellä on kymmeniä sairaaloita ja ilmaisen terveydenhuollon keskuksia, jotka huolehtivat köyhien terveydenhuollosta.

Embracing The World on usein ensimmäisenä paikalla katastrofialueilla ympäri maailmaa. Vuonna 2004 Intian tsunamin aikaan, Amma muutti Intian ashraminsa turvapaikaksi, ruokkien ja huolehtien ihmisistä, jotka olivat menettäneet kotinsa. Embracing The World oli paikalla vuonna 2005 hurrikaani Katrinan iskiessä; Amma lahjoitti miljoona dollaria avustusrahastoon. Amma lähetti katastrofiapujoukkoja myös Japaniin maanjäristyksen ja tsunamin iskiessä vuonna 2011, toimittaen ruokaa ja tuoden lääkintäapua paikkoihin, mihin kukaan muu ei uskaltanut mennä.

Hän on rakentanut yli 45 000 kotia kodittomille ja suunnitelmissa on rakentaa yli 100 000 lisää. Tämä tarkoittaa suojaa melkein miljoonalle aiemmin kodittomalle ihmiselle. Hän on ohjannut ihmisiä istuttamaan tuhansia puita ja ruokkinut miljoonia ihmisiä kaikkialla maailmassa… ja tehnyt paljon, paljon enemmän.

Niin paljon epäitsekkyyttä Amma herättää myös lapsissaan. Hänen hyväntekeväisyysjärjestöjään johdetaan tuhansien vapaaehtoisten avulla ympäri maailmaa. Jopa kaikkein köyhimmät, tullessaan darshaniin Intiassa, yrittävät laittaa yhden rupian kolikon Amman käteen. He eivät pysty tarjoamaan tämän enempää, mutta hekin haluavat auttaa, sillä he tietävät Amman käyttävän jokaikisen rupian muiden palvelemiseen. Amma sanoo heidän olevan kuin pieniä lintuja, jotka antavat kolehdin, ja kaikki yhdessä muodostavat virran, joka on kuin mahtava joki.

Amman epäitsekkyys on todella jumalaista. Hän syleilee joskus kymmenien tuhansien vahvuisia ihmisjoukkoja istuen niin kauan, että viimeinenkin ihminen on saanut halauksen. Hän ei ajattele omia tarpeitaan sillä hetkellä.

Meidän ei tarvitse suorittaa yliluonnollisia urotekoja, ainoastaan Amma voi tehdä niin. Mutta jos vain yritämme tehdä jotain hyvää ja avuliasta aina kun mahdollisuus siihen tarjoutuu, se johtaa meidät pois omasta surustamme kohti puhtaan rakkauden ydintä. Tässä maailmassa on niin monta ottajaa, mutta Amma yrittää opettaa meille ylivoimaisen esimerkkinsä avulla, kuinka tulla antajaksi ottajan sijaan.

Luku 12

Hän, joka tuo sateen

On helppoa julistaa aikeemme tehdä hyviä tekoja, mutta me kaikki tiedämme miten vaikeaa niitä on toteuttaa käytännössä. Jokaisen teon takana oleva asenne ja aikomus ovat ne mitkä todella ratkaisevat, ei aina teko itse. Niin kauan kuin säilytämme myönteisen asenteen, Amma tulee varmasti auttamaan meitä voittamaan kielteisyytemme.

Amma näyttää meille, että jos meillä on myönteinen asenne, maailmasta tulee todella kaunis paikka elää. Missä tahansa Amma onkaan, hän näkee egojemme luoman ulkoisen maailman läpi ja juhlistaa luomakunnan ihanuutta.

Yhtenä keväänä Amma vieraili Keniassa avaamassa uuden orpokotinsa. Automme lähtiessä lentokentältä avasin ikkunani, jotta Amma voisi vilkuttaa ihmisille, jotka olivat tulleet toivottamaan

Aidon rakkauden suloinen tuoksu

hänet tervetulleeksi. Valitettavasti ikkuna jumiutui eikä mennyt enää kiinni.

Olin hermostunut pidellessäni passejamme kädessäni. Tiesin, että ajaisimme vaarallisen alueen läpi, jossa joku voisi ryöstää meidät ikkunan läpi tai yrittää vahingoittaa meitä jollain tavalla. Taistellessani ikkunan säätönapin kanssa, Amma katsoi avointa ikkunaa ja huomautti minulle, "Iso ongelma!" Kuljettajan alkaessa pyydellä anteeksi viallista ikkunaa, Amma rauhoitteli häntä heti sanoen, että kaikki oli hyvin. Hän *rakastaa* tuntea tuulenvireen.

Naureskelin itsekseni sitä kuinka nopeasti Amma oli muuttanut mielensä, kuinka nopeasti hän pystyi sopeutumaan tilanteeseen kuin tilanteeseen. Juuri tällaisia meidänkin tulisi olla. Jos emme voi muuttaa tilannettamme paremmaksi, meidän tulisi sen sijaan olla valmiita muuttamaan mielentilamme.

Aikaisin eräänä iltana Intiassa, kun Amma käveli kohti lavaa bhajaneita varten, pieni, noin kolmevuotias lapsi juoksi hänen rinnallaan. Amma huusi tämän tytön perään, "Kuruvi." Kuullessani tämän ajattelin ensin, että sen täytyy olla hänen nimensä. Seuraavana päivänä ollessamme taas menossa bhajaneihin ja kävellessämme ramppia ylös, Amma alkoi kutsua, "Kuruvi, Kuruvi", mutta tällä kertaa paikalla oli kaksi muuta lasta.

Ajattelin, 'Hetkinen, ei näiden *kaikkien* lasten nimi voi olla Kuruvi.' Sain selville, että *kuruvi* tarkoittaa pientä lintua, varpusta. Amma näkee kaikki tällaisina pieninä lintuina, jotka räpyttelevät iloisesti hänen ympärillään.

Luomme oman todellisuutemme ajattelutapamme kautta ja sen kautta kuinka näemme maailman. Ammalle, joka näkee parhaan kaikessa ja yrittää jakaa tämän näkemyksen kanssamme, olemme kaikki hänen kuruvejaan, pieniä varpusiaan. Hän ruokkii meitä puhtaalla rakkaudella ja jumalaisella viisaudella.

Minne tahansa maailmassa matkustammekin, ohjelmien lopussa ihmiset usein kommentoivat, "Tämä oli paras ohjelma ikinä!" On melko huomionarvoista kuulla tämä. Joku voisi ajatella, 'Kuinka jokainen ohjelma voi olla paras ikinä?' Mutta Ammalla on ällistyttävä tapa tuoda kaikessa esille paras mahdollinen.

Joka vuosi saapuessamme Uuteen Meksikoon, Amma tuo yleensä paljon kaivatun sateen, mikä on siellä tuottanut hänelle maineen 'Hän, joka tuo sateen'. Kylmiin paikkoihin hän tuo auringonpaisteen. Hän herättää niin paljon hyvyyttä ja siunauksia kaikkialla minne hän menee.

Hiljattain ollessamme San Ramonissa, siellä oli epätavallisen kuuma päivä ja kaikki sähköt menivät pois pitkäksi aikaa. Kuvittelin, että ihmisillä olisi vaikeuksia selviytyä tästä. Jopa Intian ashramissa sähköjen mennessä pois, ne tulevat aina takaisin kymmenen sekunnin sisällä. Mutta San Ramonissa sähköt olivat poissa monta tuntia.

Vaikka ihmisten asettautuessa paikoilleen olikin paljon kaaosta, ohjelma silti jatkui! Pieni generaattori antoi sähköä yhdelle lampulle lavalla bhajaneiden ajan muun hallin ollessa täysin pimeänä.

Amman vartalon muoto piirtyi pehmeänä lavan heikossa valonloisteessa. Joidenkin ihmisten matkapuhelimien akut olivat tyhjät, joten he eivät voineet tarkkailla niitä. Heillä ei ollut muuta mahdollisuutta kuin keskittyä siihen jumalaiseen valoon ja hartautueen, jota Amma jakoi. Ihmiset tunsivat pimeyden pakottavan heidän mielensä hiljenemään tarpeeksi, että he pystyivät keskittymään bhajaneihin ja he kokivat enemmän autuutta kuin yleensä. Kaikki olivat kiitollisia kokemuksesta ja sanoivat jälleen kerran, "Se oli paras ohjelma ikinä!"

Emme pysty hallitsemaan sitä, mitä elämä tuo eteemme. Jos kuitenkin kehitämme hyväksyvän asenteen, se voi auttaa meitä kutsumaan esiin armon valon, jotta voimme kokea elämän siunaukset missä tahansa olemmekin, jopa vaikeuksien läpi.

Ollessamme Australiassa, eräs mies tuli iltaohjelmaan tummat aurinkolasit päässään. Ajattelin itsekseni hänen näyttävän aivan liian coolilta, pitämällä aurinkolaseja yöllä. Sitten kuulin hänen keskustelevan jonkun kanssa. Hän mainitsi olleensa sokea viisitoista vuotta ja olleensa juuri leikkauksessa edellisenä päivänä ja pystyvänsä nyt näkemään taas.

Hänen mielestään oli Amman armoa, että hänen näkökykynsä oli palannut ja hän sanoi kuinka *maailma on niin kaunis*. Hän julisti, kuinka hän tulisi nauttimaan näkiessään kauneuden ihan kaikessa.

Amma muistuttaa meitä, että asenteemme on se, joka todella merkitsee. Hän sanoo, ettei Jumala ole puolueellinen kenenkään suhteen, mutta kun kaikkien tekojemme taustalla on myönteinen asenne, se ilmenee elämässämme Jumalan armona.

Amma voi pelastaa meidät osalta kärsimystämme, mutta mielemme ja aikomustemme tulee olla aidosti puhtaita voidaksemme saavuttaa vapauden äärimmäisen tilan.

Meidän tulisi ymmärtää, että se mitä meille tapahtuu ei ole rangaistusta, vaan sen on ainoastaan tarkoitus herättää meidät. Jumala ikuisessa viisaudessaan ja myötätunnossaan yrittää vain saada meitä kääntymään oikeaan suuntaan, jotta voimme täysin ja tietoisesti kokea Totuuden jonain päivänä sen sijaan, että meitä epätietoisena raahataan tulisilla hiilillä kävellen läpi elämän. Joidenkin mielestä Jumala oli julma luodessaan kärsimysten maailman, mutta jotkut hyväksyvät kohtalonsa ja yrittävät nähdä ainoastaan parasta mahdollista elämässä.

Vain kohtaamalla elämän myönteisen näkemyksen kautta voimme vapautua karman kierrosta. Silloin voimme nähdä asiat eri tavalla. Jos voimme oppia haasteistamme ja virheistämme, Jumala sallii meidän siirtyä seuraavaan opetukseen, hyväksyen ettei meidän tarvitse kohdata samaa enää uudestaan. Aina tulee olemaan jotain muuta opittavaa!

Amma vakuuttaa, "Meidän täytyy kohdata kaikki." Jos yritämme paeta tilanteita, ne tulevat yksinkertaisesti uudestaan vastaan. Meidän tulee tehdä parhaamme jokaisessa eteen tulevasta tilanteesta ja yrittää tehdä se hymyillen. Meidän tulee tehdä tämä rakkaudella tai siitä tulee kuin rikkaruohoa: leikkaamme latvan, mutta juuri jää silti kasvamaan ja se kukoistaa uudestaan. Jos hyväksymme rohkeasti kaiken eteemme tulevan, voimme tuhota jatkuvasti pintaan nousevien syvimpään pinttyneiden tapojemme ja negatiivisten taipumustemme juuret. Jos meillä on myönteinen asenne kaikessa mitä teemme, elämästämme tulee varmuudella siunattua.

Luku 13

Ruohosta maidoksi

Amma näkee kaikessa hyvää. Kaikissa tilanteissa Amma pysyy nöyränä ja näyttää meille aitoa antaumusta ja hyväksyntää. Hän sanoo, "Luulemme, ettei ruoho ole tärkeää, mutta kun lehmät syövät sitä se muuttuu lopulta meitä ravitsevaksi maidoksi – joten todellakin *kaikella* on merkityksensä." Amma näkee kaiken samanarvoisella näkemyksellä ja rakkaudella.

Erään kerran pitkän välilaskun aikana Frankfurtin lentokentällä Saksassa vein Amman aulaan odottamaan lentoamme. Suurin osa tuoleista olivat varattuja; löytämäni ainoat vapaat istumapaikat olivat olutta juovien miesten vieressä.

Ajattelin mielessäni, 'Noh, he eivät näytä liikaa öykkäreiltä, ei niinkuin australialaiset oluenjuojat.' Toivoin, että he vain joisivat pikaiset oluet ja lähtisivät, mutta aliarvioin saksalaisten oluenjuojien kestävyyden täysin. He jäivät koko ajaksi.

Aidon rakkauden suloinen tuoksu

Olin todella pahoillani tarjotessani Ammalle istumapaikkaa noiden juopuneiden juttuja puhuvien miesten luota, mutta Amma ei näyttänyt välittävän. Hän vain istui siinä rauhallisesti. Amma tuntee olonsa kotoisaksi kaikkialla maailmassa. Sen sijaan, että olisi ollut poissa tolaltaan oluenjuojien takia, hän katseli ikkunasta lunta. Amma sanoi kuinka lumi muistutti häntä Amritapurin meren aaltojen vaahdosta. Hän selitti kuinka ollessaan lapsi, hänellä oli tapana mennä meren rantaan ja muutaman kuukauden ajan aaltojen vaahto näytti aivan samalta kuin tämä lumi. Hän oli niin onnellinen mietiskellessään ja muistaessaan meren. Hän näytti minulle, että olipa hän missä tahansa, Amma näkee vain myönteisen kaikessa ja muistaa aina rakkauden perustansa.

Eräs pariskunta muutti uudelle paikkakunnalle. Ensimmäisenä aamunaan siellä, heidän syödessään aamiaista, nuori nainen näki naapurinsa ripustavan pyykkiä ulkona.

"Tuo pyykki ei ole kovin puhdasta," hän sanoi. "Hän ei tiedä miten pestä oikealla tavalla. Ehkä hän tarvitsee paremman pyykkisaippuan!" Hänen miehensä kuunteli, mutta pysyi hiljaa. Joka kerta naapurin ripustaessa pyykkiään ulos kuivumaan, nuori nainen kommentoi samalla tavoin.

Ruohosta maidoksi

Noin kuukausi myöhemmin nainen hämmästyi nähdessään puhtaita vaatteita pyykkinarulla ja innoissaan sanoi miehelleen, "George, *katso!* Hän on *vihdoin* oppinut pesemään pyykkinsä oikein. Ihme! Oli jo aikakin! Kukakohan opetti häntä?" Mies vastasi hiljaa, "Rakkaani, nousin tänään aikaisin ylös ja pesin ikkunamme." Syytämme usein toisia virheistämme, vaikka ongelmat johtuvat omasta rajoittuneesta näkemyksestämme.

Luin kerran saksalaisen artikkelin vanhasta miehestä, joka ärsyyntyi kuullessaan saman melodian soitettavan kerta toisensa jälkeen. Hän päätti soittaa poliisille ja valittaa. Hän oli vihainen, koska hänen naapurinsa soittivat musiikkia kaikkina päivän ja yön eri aikoina ja uskoi heidän yrittivän tahallaan ärsyttää häntä. Tutkittaessaan asiaa poliisi sai selville, että todellinen syyllinen oli soiva kortti hänen omalla ikkunanlaudallaan. Satunnainen tuulenhenkäys availi sitä, saaden sen soimaan. Asiat eivät koskaan ole niinkuin kuvittelemme.

Haluamme usein syyttää ulkoisia olosuhteita ongelmistamme, mutta todellisuudessa sisäinen asenteemme säätelee todellisuuttamme. Elämme itse luomassamme maailmassa ja meidän on vaikea tulla siitä ulos. Jokainen meistä kokee maailman eri tavalla.

Aidon rakkauden suloinen tuoksu

Tästä syystä tarvitsemme lisäapua, täydellisen mestarin apua. Hänen armonsa on *täysin välttämätöntä*, jotta pääsemme ulos itse kehittämästämme vääristyneestä luomakunnasta, ja voimme hyväksyä ja antautua Jumalan luomakunnalle.

Amman läheisyydessä on paljon helpompaa nähdä hyvä kaikessa ympärillämme olevassa. Olimme ajamassa kotiin ashramiin eräänä päivänä, innoissamme paluusta muutaman kuukauden poissaolon jälkeen, kun Amma tokaisi, "Meillä todellakin on kaikkea täällä!" Me kaikki aloimme listata niitä mielestämme upeita asioita, joita Amritapurissa oli saatavilla. Amma sanoi, "Täällä on kuin olisi festivaali joka päivä." Swamiji lisäsi, "Niin, meillä tehdään pujia jatkuvasti." Autokuski alkoi lisätä omia asioitaan, "Niin, meillä on paljon mahtavia luentoja ashramissa." Sitten minä lisäsin, "Meillä on myös pitsaa ja jäätelöä!" Amma lisäsi, "Ja meidän jäätelössämme ei ole yhtään ilmaa. Ulkopuolelta ostettu jäätelö on vatkattua, joten saat itse asiassa vain puolet jäätelön määrästä, toinen puoli on ilmaa." Amma selitti innoissaan, "Saat puhdasta jäätelöä vain täältä, sillä se on kokonaan käsin tehtyä antaumuksella ja mantroja toistaen." "Kyllä! Me voimme myös uida ja saada Amman darshanin!" Olimme niin innoissamme.

Ruohosta maidoksi

Meistä tuntui kuin olisimme palanneet kotiin taivaaseen maan päällä. Olemme onnekkaita, koska näin todellakin on.

Amman näkemys innoittaa omaa näkemystämme. Täydellinen tietoisuus sallii rakkauden virrata ympärillään, kuten se tekee silloin kun hän menee minne vain. Silti me näemme vain ulkoisen julkisivun kaikesta; näemme vain mitä haluamme nähdä, tuomiten kaiken rajoittuneen näkemyksemme kautta. Meidän on vaikeaa muistaa todellinen ytimemme ja rakkauden perustamme, kun olemme jumissa omien mieliemme sisällä. Mutta Amma voi sukeltaa pintaa syvemmälle ja nähdä totuuden, kauneuden ja rakkauden kaikessa. Ponnistellen ja hänen armonsa avulla, voimme kenties jonain päivänä nähdä kaiken elämässä puhtaan näkemyksen kautta, aivan kuten hän näkee.

Luku 14

Koko luomakuntaa kumartaen

Rauhan ja ilon löytäminen on jokaisen elämän päämääränä. Teemme oikeastaan kaiken, mitä tahansa se onkaan, koska pyrimme tuohon päämäärään. Jos haluamme nähdä rauhaa ulkoisessa maailmassa, meidän tulee ensin löytää se omasta mielestämme.

Amma tekee kaiken tarkoituksenaan rauhoittaa jatkuvasti vaivaava epäileväinen mielemme ja antaakseen meille armon vastaanottamiseen tarvittavaa optimismia. Amma tietää miten vähän uskomme itseemme, hän opastaa ja antaa siunauksia, jotka auttavat meitä säätämään purjeemme niin, että voimme kulkea minkä tahansa kohtaamamme myrskyn läpi.

Kerran marraskuussa eräs nainen halusi epätoivoisesti lähteä vapaaehtoiseksi kiertueelle viettääkseen tuon erityisen lisäajan Amman kanssa. Hän teki kaikki lentojärjestelyt, mutta tuli sitten hyvin sairaaksi. Hän oli erittäin pettynyt, mutta hänen oli pakko peruuttaa matkansa. Hän rukoili jatkuvasti toivoen, että Amma parantaisi hänet ennen kuin olisi aika nousta koneeseen, mutta näin ei tapahtunut.

Hän luotti Ammaan, joten pettymyksestään huolimatta hän yritti pitää hyvän asenteen, vaikka hän ei ymmärtänytkään miksi näin tapahtui. Sitten hän sai sähköpostiviestin, että eräs hänen oppilaistaan oli murhattu ja hautajaiset olisivat seuraavana päivänä.

Mennessään hautajaisiin hän tapasi siellä monia entisiä oppilaitaan ilman vanhempiaan. Hän päätyi itkemään heidän kanssaan ja lohduttamaan heitä kaikkia. Hän tunsi Amman lohdutuksen virtaavan käsivarsiensa kautta hänen syleillessään järkyttyneitä teini-ikäisiä. Hän tiesi sen olleen varmasti Amman armo, joka sai hänet peruuttamaan lennon, jotta hän pystyisi olemaan oppilaidensa luona, kun he häntä tarvitsivat.

Hänen sydämensä oli Amman kanssa, mutta hänen kätensä olivat täynnä palvelutyötä, juuri niinkuin Amman oli täytynyt haluta. Amma toimii arvoituksellisin tavoin. Joskus haluamme palvelutyömme olevan juuri sitä, mitä me haluamme sen olevan eikä mitään muuta, mutta Jumalalla voi olla muita suunnitelmia meidän varallemme.

Jumala on laittanut meidät sinne, missä meidän kuuluukin olla tässä maailmassa. Mikään mitä tapahtuu ei koskaan ole virhe. Haasteemme on suopeasti hyväksyä jumalan suunnitelma. *"Tapahtukoon sinun tahtosi"* sanonnan kirjaimellinen tarkoitus toteutuu, kun voimme todella hyväksyä kaiken eteemme tulevan ymmärtäen sen kaiken olevan osa alkuperäistä jumalaista suunnitelmaa. Mistä tahansa löydämmekin itsemme, meidän on tarkoitus oppia jotakin, joten meidän tulisi yrittää hyväksyä se.

Elämä ei oikeastaan ikinä mene niinkuin kuvittelemme, erityisesti kun kyseessä on henkinen elämä! Voi olla, että joudumme kokemaan paljon vaikeuksia, mutta Amma muistuttaa meitä, että kaikista lujin ja hienoin teräs tehdään vain kaikkein kuumimmassa sulatusuunissa – mutta me kaikki tiedämme miten vaikeaa antautuminen voi olla.

Minulle annetaan jatkuvasti mahdollisuus antautua kaiken sen lastenvahtimisen puitteissa, johon joudun istuessani Amman takana julkisten ohjelmien aikana. Joskus olen ajatellut, että meidän pitäisi oikeastaan veloittaa tästä, sillä Amman ohjelma on maailman paras lastenvahtipalvelu!

Olen monesti sanonut, että tämä on ainoa paikka maailmassa, missä ammattimainen ohjelma hoidetaan lasten ryömiessä ympäri lavaa nauraen, puhuen, itkien ja riidellen samalla kun joku yrittää pitää puhetta tai muusikot esiintyvät. Riippuen siitä, miten tuhmia lapset ovat, olen joskus turvautunut vetämään heitä korvasta, jotta saisin heidät olemaan hiljaa!

Sain välähdyksen ymmärrystä istuessani näiden lasten kanssa eräänä iltana. Minulle valkeni miksi Amma antaa minulle tämän tilaisuuden: sen sijaan, että minä tekisin heille palveluksen huolehtiessani heistä, nämä lapset oikeastaan auttavat jotakin heräämään minussa. Amma yrittää herättää universaalin äitiyden minussa ja kaikissa meissä, ei ainoastaan naisissa, joilla on lapsia. Joten tämä on yksi niistä lahjoista, joita hän tarjoaa minulle matkallani kohti heräämistäni.

Amma kohtelee kaikkia yksilöllisellä tasolla. Hän on katalysaattori kaikelle, minkä pitääkin tulla elämäämme. Tämä tapahtuu spontaanisti tullessamme kosketuksiin mahatman kanssa. Jos pystymme antautumaan, hän vie meidät täydellisyyden tilaan.

Kaikki luoksemme tuleva on ainoastaan meidän siunaukseksemme. Kehitä nöyryyttä ja ota kaikki elämässä vastaan tuleva lahjana ja pääset upealle matkalle. Jos meillä on lapsen viattomat silmät, hyväksyen kaikki ja käyttäen kaikkea oppina kasvua varten, niin elämän matkasta tulee ilmiömäinen kokemus.

Erään kerran noustessamme lennolle Amman kanssa, ojensin tarkistuskorttini lentoemännälle mennessämme koneeseen. Hän kysyi minulta hyväntuulisesti, "Kerrohan minulle, mikä on lempivärisi?" Täytyy myöntää, että minua ärsytti hiukan tuollainen typerä kysymys, mutta hän vaikutti niin innostuneelta ja hän piteli tarkistuskorttiani.

Mietin sekunnin ajan mitä vastaukseni voisi olla, sarkastinen reaktio alkoi nousta kielen päälle... mutta sitten päätin vain antautua ja tehdä hänet onnelliseksi, joten vastasin, "Oranssi!"

"Kyllä!!!" hän sanoi, "Se on oikea vastaus!" Hän oli erittäin tohkeissaan oikeasta vastauksestani, joten hän antoi minun mennä menojani. Tosiasiassa valehtelin... vain tehdäkseni hänet onnelliseksi kertomalla mitä tiesin hänen haluavan kuulla. *Luuletko todellakin, että oranssi on lempivärini?*

Aidon rakkauden suloinen tuoksu

Kun pystymme antautumaan, se tuntuu hyvältä ja saa muutkin tuntemaan olonsa hyväksi. Vain silloin voi jumaluus virrata lävitsemme. Amma sanoo, että kumartaessamme emme kumarra ainoastaan toisten ihmisten edessä, vaan kumarramme myös koko luomakunnan edessä.

Elämän haasteita ei annetta meille, jotta meidät yritettäisiin tuhota, vaan jotta se sisällämme täysin hyödyntämättömänä oleva todellinen potentiaali tulisi esiin. Opimme vaikeuksista enemmän jos näemme ne kokeina, joita meille annetaan kasvaaksemme, jotta mielistämme tulisi vahvoja ja puhtaita.

Miten paljon tahansa ongelmia elämässä ilmeneekin, meidän tulisi yrittää löytää mielentyyneys. Siten meistä tulee kuin lootuskukka, joka kasvaa vahvana esiin liasta ja mudasta. Arvokkaat opetukset tulevat luoksemme erilaisin tavoin naamioituneina. Kun opimme antautumaan niille, kaikissa elämän olosuhteissa sisällä oleva piilotettu kauneus paljastaa itsensä.

Luku 15

Täydellinen antautuminen

Amma sanoo, että mahatmat *voivat* muuttaa kohtaloamme, mutta jos he tekevät niin, emme ehkä opi niitä opetuksia, jotka meidän tulee oppia meille annettujen kokemusten kautta. Mahatmat kuten Amma ovat täysin antautuneita Jumalan tahdolle: he näkevät kaiken oikealla paikallaan ja kohtalomme etenevän juuri niinkuin sen kuuluukin. Ei ole Amman tapana tehdä mitään Jumalan tahtoa vastaan, jos meille on syystä annettu jotakin kärsittävää – loppujen lopuksi kaikkien kokemustemme on tarkoitus auttaa meitä kasvamaan.

Jos Amma ottaisi pois kaiken sen, minkä on määrä tulla kohdallemme, saattaisimme kääntyä takaisin ja tehdä samat virheet uudestaan. Meidän tulisi yrittää omaksua niiden opetuksien ydin, jotka näyttäytyvät meille elämän vaikeiden kokemusten kautta. Nämä kokemukset saapuvat erityisesti meille räätälintyönä tehtyinä, jumalaisen tahdon kautta.

Luin kerran hienon tarinan naispuolisesta neurotieteiden tutkijasta, jonka elämä muuttui täysin hänen kokemansa aivoinfarktin johdosta. Eräänä päivänä hän yhtäkkiä luhistui täysin johtuen massiivisesta veritulpasta vasemmassa aivopuoliskossa, mutta hän kykeni kaiken kärsimyksensä keskelläkin säilyttämään tietoisuutensa siitä, mitä hänelle tapahtui.

Hänen alaansa oli se miten aivot toimivat, joten hän kykeni asettautumaan erilleen kokemuksestaan ja tarkkailemaan kaikkea täydellisesti samalla kun hän kävi sitä läpi. Hän näki kehonsa käyvän läpi kaikki oireet: järkyttävä kipu, päänsäryt, tunnon puute kädessä. Koulutuksensa ja tietoisuutensa ansiosta hän pystyi tarkkailemaan, kuinka hänen aivonsa toimivat samaan aikaan.

Hän siirtyi kokonaan vasemmasta aivopuoliskostaan oikeaan ja koki ruumiista irtautumisen kokemuksen, jättäen kokonaan normaalin tietoisuuden. Tämä kokemus näytti hänelle universumin ihmeellisyyden, jonka voi nähdä ja tuntea pystyessämme vapautumaan kehon ja mielen rajoista.

Täydellinen antautuminen

Meillä on tapana rakentaa muuri ja ajatella, 'Tämä olen minä' ja kaikki muu *ei* ole minua. Tuolla hetkellä tämän naisen onnistui ylittää tuo rajallinen näkemys ja hänestä tuli yhtä kaiken kanssa. Hän koki upean seikkailun, nähden maailmankaikkeuden jokaisen atomin kauneuden ja kuinka se on luotu. Hän palasi jatkuvasti kehoonsa tuntien aivohalvauksen oireet, mutta hän pystyi myös menemään tuon kokemuksen ulkopuolelle.

Tämä aivohalvaus oli todella myönteinen, tajunnan räjäyttävä kokemus hänen elämässään. Pienen hetken ajan hänen onnistui mennä pikkumaisen, ongelmia täynnä olevan 'itsensä' toiselle puolen kokeakseen suuremman 'Itsen' ainutlaatuisen kauneuden ja todella tuntea, millaista on olla yhtä koko maailmankaikkeuden kanssa. Tällaisen oivalluksen saaminen keskellä aivohalvausta on lähestulkoon uskomatonta.

Se muutti hänen elämänsä täysin. Hän pystyi ymmärtämään meille kaikille olemassa olevat mahdollisuudet. Hän oli tutkija, ei henkinen ihminen, mutta se pidämmekö itseämme henkisinä on yhdentekevää. Polku kohti elämän tarkoituksen ymmärtämistä on kaikkia varten.

Olemme eläneet ilman todellista tietoisuutta suurimman osan elämästämme ja on tullut tapa olla olemassa tällä tavoin. Suurin osa ihmisistä elää sokeasti, sulkien silmänsä siltä todelliselta potentiaalilta, joka voidaan ihmissyntymän avulla saavuttaa.

Amma muistuttaa, että meillä kaikilla on kyky saavuttaa ihmiselämän huippukohta avaamalla sydämemme sulkeutunut nuppu.

Ei ole millään lailla väärin pyytää Ammaa auttamaan meitä, rukoilla sen puolesta mitä haluamme, tarvitsemme tai rukoilla sen vuoksi, mikä tuntuu epäreilulta elämässä. Voimme vapaasti rukoilla mitä vaan – mutta lopulta meidän tulee irrottautua kaikesta. Niin kauan kuin olemme kiinnittyneitä kaikkiin mielessämme rakentamiimme kuviin, emme voi kokea elämää sellaisena kuin se todella on.

Amma tuntee niin paljon myötätuntoa maailman murheita kohtaan, että hän antaa aina kaiken tukensa ajatuksin, sanoin ja teoin, yrittäen tehdä meistä tarpeeksi vahvoja kestämään mitä meidän tarvitsee, vaikka hän ei otakaan *kaikkea* kärsimystä pois.

Sveitsiläinen nainen jakoi kanssani tarinan, joka havainnollistaa tämän totuuden. Hän sanoi,

"Kymmenen vuotta sitten minulla oli rasvainen kasvain selässäni. Kun se kasvoi,

Täydellinen antautuminen

kysyin Ammalta mitä minun tulisi tehdä ja hän suositteli minua kysymään lääkäriltä. Kun menin lääkärin vastaanotolle, hän sanoi että tarvitsin leikkauksen, sillä kasvain saattoi olla pahanlaatuinen.

En ollut oikeastaan peloissani. En uskonut, että minulla oikeasti olisi syöpä ja tunsin Amman suojeluksen. Luotin Ammaan ja uskoin vankasti, että mitä tahansa tapahtuikin olisi omaksi hyväkseni.

Ajoitin toimenpiteen Amman Euroopan vierailun jälkeen, jotta voisin saada hänen siunauksensa leikkausta varten. Amman ollessa Sveitsissä, kerroin hänelle kaiken ja hän oli erittäin hellä ja suloinen minua kohtaan. Hän hyväili kasvainta ja kysyi miheltäni miten järjestämme kahden lapsemme hoidon. Hän on paras äiti maailmassa ja parhain ystävä mitä minulla on ikinä ollut.

Vain muutama päivä ennen leikkausta menin darshaniin Münchenissa. Amma katsoi syvälle silmiini. Hän pyysi puhelinnumeroani ja kysyi olisiko mahdollista soittaa minulle toimenpiteen jälkeen ja saada selville miten se meni. Hänen myötätuntonsa ja huolenpitonsa minua kohtaan tekivät minuun valtavan vaikutuksen. Itkin vuolaasti.

Leikkauksen jälkeen lääkäri soitti miehelleni ja kertoi operaation menneen hyvin. Hän sanoi kuitenkin mahdollisuuden olevan suuri siihen, että kasvain olisi pahanlaatuinen, sillä se oli tunkeutunut ympärillä oleviin lihaksiin.

Kuullessani, että kyseessä oli mahdollisesti syöpä, olin järkyttynyt. Kamppailin Amman kanssa pääni sisällä kysyen, 'Miksi minun pitää käydä läpi tällaista? Miten lasteni käy jos kuolen? Miksi hylkäsit minut?'

Tunsin Amman läsnäolon tulevan sairaalahuoneeseen ja istuvan sängylle viereeni. Tunsin hänen rakkautensa ja rauhansa vyöryvän ylitseni. Lopulta antauduin syövän mahdollisuudelle ja muistin, että kaikki on ainoastaan omaksi parhaakseni.

Viikon kuluttua sain testitulokset. Lääkäri tuli huoneeseeni vaikuttaen hieman hämmentyneeltä. Hän kertoi testien tulosten olleen uskomattomat: kasvain oli hyvänlaatuinen, mutta hän ei uskonut sitä.

Täydellinen antautuminen

>Hän halusi testata sen uudelleen ja kertoa minulle tulokset myöhemmin. Minä vain hymyilin ja tunsin Amman istuvan vierelläni. Toisen testin tulokset tulivat takaisin: ei syöpää. Minun annettiin mennä kotiin perheeni luokse.
>
>Kun kiitin Ammaa elämäni pelastamisesta, hän vastasi nöyrästi, "Oli jumalan armoa, että kasvain muuttui."

Meidän tulee olla vahvoja ottamaan vastaan kaikki kohdallemme tuleva oivaltaen, että elämämme haasteet ovat aina siunauksia valepuvussa, tarkoituksenaan mahdollistaa kasvumme. Jos pystymme muistamaan tämän, matkasta tulee meille helpompi. Kuitenkin yleensä taistelemme kaikkea meille tulevaa vastaan, uskoen sen olevan jonkun muun syy, väärin tai epäreilua!

Jos vastustamme kaikkea, meidän täytyy aina kärsiä. Jumala ei anna meille kipua rangaistakseen meitä. Kipu ilmenee, jotta sydämemme avautuisivat, jotta voisimme ymmärtää syvemmin keitä todellisuudessa olemme. Jos opimme hyväksymään – voimme mekin jonain päivänä ilmentää sitä täydellistä antaumusta, johon olemme Ammassa niin viehättyneitä. Hän hyväksyy elämän virran kaikkine yllätyksineen. Tämä hyväksyntä on se, mikä sallii jumalaisen armon virrata sisällemme.

Luku 16

*A*rmon virta

Armo kantaa meitä aina eteenpäin, kun sitä eniten tarvitsemme. Se on se lisätekijä, joka tekee elämästä suloista ja auttaa meitä nousemaan *kaikkien* vaikeuksien yläpuolelle. Optimismi sallii armon tulla sisään.

Elävästä mahatmasta tuleva armon virta voi todella muuttaa elämämme. Amman armo virtaa jatkuvasti jokaiselle meistä. Amma ei rakasta joitain ihmisiä enemmän kuin toisia; jotkut vain löytävät keinon avata sydämensä virittyäkseen armolle, kun taas toiset avaavat sateenvarjonsa ja suojaavat itseään virtaukselta. Mistä tahansa löydätkin itsesi, ymmärrä, että Amma on maailmankaikkeuden ajan ja tilan lain toisella puolen. Hänen armonsa voi virrata luoksesi riippumatta siitä, missä olet.

Jumalan armo löytää meidät aina kun elämme antaumuksellista elämää. Amma on todella

Aidon rakkauden suloinen tuoksu

luvannut, että vilpittömät rukouksemme saavuttavat hänet. Meillä voi olla suora yhteys häneen. Puhelinlinja ei ole koskaan varattuna, jos lähetämme nuo rukoukset suoraan – eikä tuossa kosmisessa yhteydenpitojärjestelmässä peritä minkäälaista veloitusta.

Tässä on tarina, joka kauniisti havainnollistaa armon puhkeamisen kukkaan: nuori tyttö päätti koulunsa ja kysyi Ammalta mitä hänen tulisi tehdä elämällään. Amma sanoi, että hänen tulisi opiskella lääketiedettä ja kutsui hänet opiskelemaan AIMS:n lääketieteelliseen yliopistoon Intiassa. Tyttö yllättyi siitä täysin, sillä hän ei ollut menestynyt akateemisesti ja hänellä oli merkittävä invaliditeetti. Hänellä oli silmäsairaus, jonka takia hänen oli erittäin vaikea lukea. Tietäen miten paljon opiskelua lääketieteen oppimiseen vaaditaan, hän ei ikinä ollut kuvitellut kykenevänsä siihen.

Silti Amma vaati häntä yrittämään, joten täydellä uskolla hän antautui ja ilmoittautui AIMS:n lääketieteelliseen korkeakouluun.

Suurin osa meistä, jotka tunsivat tytön eivät uskoneet hänen voivan menestyä ymmärtäen kaikki ne vaadittavat vuodet monimutkaista opiskelua, mutta jotenkin hänen onnistui läpäistä joka vuosi.

Armon virta

Kun oli loppukokeiden vuoro, hänen kolmenkymmenen oppilaan luokallaan henkilö, jonka kaikki *uskoivat* olevan luokkansa kärjessä, ja joka yleensä sai korkeimmat arvosanat, lopulta reputti kokeissa. Vastoin kaikkia hänen omia ja kaikkien muiden odotuksia, *tämä* tyttö, jolla oli silmäongelma, sai erittäin korkean arvosanan, noussen luokkansa viiden parhaan joukkoon.

Olin ihmeissäni kun hän kertoi, että kaikista koko luokan oppilaista ne kuusi, jotka olivat Amman seuraajia päätyivät saamaan korkeimmat kuusi arvosanaa kunnianosoituksen kera. Oppilas, jolla oli kaikkein eniten poissaoloja, sillä hän matkusti Amman kanssa, sai kaikkein korkeimman arvosanan kunniamaininnalla.

Tämän esimerkin kautta en sano, että Amman seuraajana sinun ei tarvitse opiskella, mutta olisi hyvä olla tietoinen siitä ihmeellisestä ja käsittämättömästä armon voimasta, joka voi avautua elämissämme, jos me avaudumme ja sallimme sen virrata lävitsemme.

Tarpeellisen vaivan näkeminen alussa on se tärkeä asia, sillä muuten Jumalan armon on erittäin vaikeaa päästä sisään. Kun olemme ponnistelleet parhaamme mukaan, meidän tulee yksinkertaisesti luottaa, että armo opastaa meidät tilanteiden läpi. Kun antaudumme ja viritämme mielemme Ammaan, armo yksinkertaisesti ilmenee.

Ponnistelu on olennaista armolle avautumiselle. Amma antaa esimerkin: jos olemme lähdössä matkalle vuoristoon, meidän tulisi tarkistaa auton moottori ja jarrut ensin, varmistaaksemme niiden toimivan kunnolla. Meidän tulisi varmistaa että bensaa, öljyä ja vettä on riittävästi moottorissa ja että tuulilasimme on puhdas. Kun olemme tehneet kaikki nämä asiat, tehneet parhaamme varmistaaksemme kaiken olevan kunnossa, meidän tulee jättää loput jumalan armon varaan.

Eräällä henkilöllä Kaliforniassa oli poika, jonka mieli oli harvinaisen sairauden tähden jäänyt lapsen kehittymättömälle tasolle. Hänellä oli tapana istua sohvalla äitinsä kanssa joka päivä, kun tämä vuosi toisensa jälkeen yritti opettaa poikaansa lukemaan. Pojan täyttäessä viisitoista vuotta, äiti oli huolissaan ettei tämä ikinä oppisi.

Tietämättä mitä tehdä äiti tuli pyytämään Ammalta apua. Amma pyysi häntä tuomaan santelipuutangon siunattavaksi. Äiti hankki yhden ja meni darshaniin poikansa kanssa. Poika nappasi santelipuutangon äidiltään ja antoi sen itse Ammalle, katsoen häntä syvälle silmiin. Äiti oli todella hämmästynyt poikansa käytöksestä, sillä

Armon virta

tämä ei yleensä koskaan katsonut ketään suoraan. Amma katsoi poikaa takaisin ja palautti santelipuutangon siunattuaan sen.

Poika laittoi santelipuutahnaa otsalleen päivittäin ja ihmeellistä kyllä alkoi oppia lukemaan. Kaksi vuotta myöhemmin hänen äitinsä ilmoitti minulle, että poika lukee nykyään 500-sivuisia kirjoja, jotka hän lainaa kirjastosta. Hän myös lukee sanomalehden joka päivä. Hän tutkii sanomalehden artikkelit tarkkaan ja kirjoittaa sitten kuvernööreille, että kuolemaantuomitut pelastettaisiin. Hän tekee työtä rauhan ja oikeuden eteen yksi kirje kerrallaan. Hänen äitinsä sanoo, että hänen poikansa tietää nyt paljon enemmän poliitikasta kuin hän itse.

Poika tulee aina olemaan kehitysvammainen, mutta Amman siunauksilla kullatun sydämen avulla hän tietää oman dharmisen polkunsa, jota seurata.

Olemme todella siunattuja, että meillä on Amman kaltainen suuri sielu opastavana valona, joka loistaa toivoa polullamme, näyttäen meille turvallisen tien kulkea tämän hullun maailman läpi näinä vaikeina aikoina. Meidän tulisi aina pitää kiinni toivosta, silloinkin kun uskomme koko maailman olevan kääntymässä meitä vastaan.

Yritä ansaita tuo gurun mahtava armo, miten vain voit. Tarvitsee vain ponnistella oikealla tavalla ja kehittää oikeanlaista asennetta.

Luku 17

Askeleitamme ohjaten

Amma todistaa meille kaikenlaisin tavoin, että hän on aina kanssamme. Hän menee loputtoman pitkälle huolenpitonsa ja suojelemisensa kanssa. Mihin tahansa menemmekin maailmassa, hän katsoo peräämme jumalaisella rakkaudella, joka ei ikinä hylkää meitä.

Australiassa eräs nainen tuli luokseni ja kertoi melkein uskomattoman tarinan. Hän oli halunnut ostaa tyttärelleen jonkinlaisen amuletin, joka suojaisi tätä tämän tulevalla matkalla Etelä-Amerikkaan. Hän päätti hankkia tyttärelleen rudrakshan siemenistä tehdyn nilkkakorun, jota Amma oli käyttänyt.

Valitettavasti tytär sairastui matkan aikana vakavasti eräässä pienessä kylässä. Hän ei ymmärtänyt paikallista kieltä eikä kukaan ollut hänen mukanaan auttamassa. Eräs paikallisen kylän naisista tuli katsomaan tytärtä huomattuaan tämän olevan sairas. Nainen näki nilkkakorun tytön jalassa ja viittoili sitä kohti. Osoittaen sitä, hän kysyi, "Amma?" Vaikka he eivät ymmärtäneet toistensa kieltä, he löysivät sanan, joka loi universaalin siteen heidän välilleen.

Nainen vei tytön kotiinsa. Tyttö oli ihmeissään ja kiitollinen nähdessään Amman kuvan pienen kylän talon seinällä. Tämä nainen oli tavannut Amman ja saanut hänen darshaninsa yhdessä Chilen ohjelmista. Amman jalkojen kuva oli hyvin esillä hänen kotinsa sisäänkäynnillä.

Nainen hoivasi tytön terveeksi. Tyttö soitti myöhemmin äidilleen kertoakseen mitä tapahtui; hänestä tuntui, että Amma oli todellakin pelastanut hänen henkensä ja oli niin suloisesti toimittanut suojelua tarpeen vaatiessa.

Luonamme on kaikkein mahtavin, myötätuntoisin valaistunut mestari, joka on koskaan asunut tämän maan päällä. Hän tarjoaa meille suojeluaan ja armonsa viileän tuulenvireen keskellä elämän aavikkoa. Jopa silloin kun ajat ja tilanteet vaikuttavat vaikeilta, hän suojelee meitä. Ehkä meidän tarvitsee kärsiä hieman. Se voi olla meidän kohtalomme, mutta Amma tarjoaa suojaansa jokaiselle. Se on aina olemassa. Hän lupaa niin.

Askeleitamme ohjaten

Eräs henkilö kirjoitti tämän kokemuksensa Amman kanssa:

"Oli vuosi 2007, myöhäinen kevät ja valmistauduin tapaamaan Amman Puyallupissa lähellä Seattlea hänen darshaniaan varten. Olin kovin innoissani tuona päivänä, sillä paras ystäväni oli soittanut ja sanonut haluavansa tulla mukaan ohjelmaan kanssani. Tämä ystävä ei ollut aikaisemmin ollut kiinnostunut tapaamaan Ammaa. Olin vuosia pyytänyt häntä tulemaan, joskus jopa anellut häntä; mutta hän oli aina vastustanut Amman tapaamista. Olin vienyt Ammalle kuvan hänestä edellisenä vuotena varmistaakseni, että hän sai Amman siunaukset, mutta en koskaan kertonut hänelle tehneeni niin. Heti tämän jälkeen hän muuttikin mielensä ja päätti lähteä katsomaan Ammaa. Tämä oli ensimmäinen pieni ihme.

Joka tapauksessa, olin pukeutumassa ja todella iloinen siitä, että veisin hänet mukanani ensimmäistä kertaa. Ajomatkalla moottoritietä pitkin hakemaan häntä huomasin olevani haltioitunut ilosta ja kiitollisuudesta. Onnen aallot pyyhkivät ylitseni ja kyyneleet valuivat pitkin kasvojani. Minun piti keskittyä erittäin tarkkaan, jotta huomioni pysyisi tiessä.

Saavuin hänen kotiinsa ja suuntasimme sieltä kohti Puyallupia. Ajoin nopealla kaistalla haluten päästä ohjelmaan mahdollisimman pian. Yhtäkkiä autoni sammui. Katsoin kuinka matkamittari laski. Ratti ja jarrut lakkasivat toimimasta. Minulla ei ollut virtaa. Tiellä oli paljon liikennettä tuona päivänä, mutta jotenkin auton onnistui ylittää kaikki neljä kaistaa turvallisesti ja pysähtyä tienreunaan. En pysty selittämään miten virrattoman auton onnistui mennä kaiken sen liikenteen läpi, mutta niin vain kävi. Tämä on Amman armon ihme. Hän pelasti henkemme sinä päivänä.

Kun saimme vedettyä henkeä ja lopetimme ympärille ihmeissämme katselemisen, yritin kääntää virta-avainta ja kuulin hirvittävän äänen moottorista. Nousimme autosta ja avasimme konepellin huomataksemme, että moottori oli syttynyt tuleen. Tuli oli sammunut itsekseen,

Askeleitamme ohjaten

mutta moottori savusi yhä ja konepelti oli palanut pahoin.

Mitä tehdä? Olimme jumissa keskellä moottoritietä auton kanssa, joka ei ollut menossa mihinkään sinä päivänä. Soitimme apua ja auto hinattiin takaisin ystäväni kotiin. Hän tuumi, että ehkä se oli merkki siitä, ettei meidän ollut tarkoitus mennä katsomaan Ammaa, mutta minä en ottanut sellaista kuuleviin korviini. Sanoin hänelle, että hänen pitäisi yksinkertaisesti ajaa meidät, koska meidän todella piti mennä.

Saavuimme darshan-halliin myöhään, mutta saimme silti lipukkeet. Yllätykseksi ja iloksi lipukkeissa oli aikainen numero, mikä tarkoitti, että näkisimme Amman suhteellisen pian.

Ollessani Amman sylissä, ryhmä Amman seuraajia alkoi laulaa. Yksi laulajista lauloi yksin (nuotin vierestä) sellaisella antaumuksella, että Amma kuunteli hurmiossa koko laulun. Hän piteli minua sylissään koko ajan, keinuttaen minua ja nauraen. Kaikki huolet ja murheet nostettiin harteiltani. Hänen pidellessään ja lohduttaessaan minua tuli selväksi, että hän tiesi täsmälleen mitä meille oli tapahtunut. Se oli pisin darshan, jonka olen ikinä saanut.

Ystäväni sai darshaninsa seuraavaksi ja oli täysin liikuttunut kokemuksestaan Amman kanssa.

Uskon todella, että Amma pelasti henkemme tuona iltapäivänä. En epäile hetkeäkään etteikö se ollut Amman armo, joka ohjasi automme turvaan tuona yönä. Kirjoittaessani näitä sanoja silmäni tulvivat kyyneleistä. Amma on vuosien mittaan jatkuvasti pitänyt huolta minusta, ohjannut minua ja ollut alituinen seuralaiseni. Tulen aina pysymään hänen sylissään. Hän on hengitykseni ja hänelle kuuluu kaikki sieluni rakkaus ja kiintymys."

Kaikki mitä tarvitaan on hieman ponnistelua ja uskoa ja alamme nähdä Amman hellän käden ohjaavan jokaista askeltamme. Meidän tulee kehittää uskoa, että jumaluuden korkeampi taso itse asiassa ohjaa meitä turvallisesti kaikkien tapahtumien läpi, sillä todellisuudessa hän tekee juuri niin.

Luku 18

Viattoman uskon kehittäminen

Katsellessamme Ammaa on tärkeää, ettemme arvioi häntä sen perusteella, mitä näemme hänen tekevän. On yksinkertaisesti vain parasta hyväksyä hänen toimintansa tietäen, että se on aina parhaaksi. Mitä tahansa hän tekeekin, se on ainoastaan *meidän* hyväksemme. Me olemme tällä kolmen ulottuvuuden tasolla, mutta Amman tietoisuus on kokonaan toisessa paikassa. Kuka tietää kuinka monta ulottuvuutta on olemassa?

Kerran eräät ydintutkijat kysyivät häneltä, "Voitko kertoa meille luomisesta?" Hän vastasi, "Luominen tapahtuu korkeammassa ulottuvuudessa. Sinä elät kolmessa ulottuvuudessa, joten mielesi ei pysty menemään niiden tuolle puolen ymmärtääkseen sitä." Meidän ei tarvitse ymmärtää, meillä tulee vain olla uskoa ja luottamusta.

Aidon rakkauden suloinen tuoksu

Tietoinen ponnistelu uskon kehittämiseksi Amman kaltaista henkilöä kohtaan on niin puhdas teko, että se vetää puoleemme käsittämättömän määrän siunauksia tässä elämässä. Meidän tulee kehittää vahva usko siihen, että Amma kuulee kaikki rukouksemme. Meillä on niin paljon uskoa vähäpätöisempiin asioihin elämässämme, uskomme moniin typeriin ihmisiin, jotka selittävät meille tyhmyyksiä. Yritä ymmärtää, että Amma kuulee rukouksemme, mielihalumme ja toiveemme. Voimme todellakin saada yhteyden häneen, kun kiinnitymme häneen rakkauden kautta – sillä puhdas rakkaus ei tunne etäisyyttä.

Eräs nainen kertoi minulle epäilleensä ettei Amma oikeasti halunnut tai tarvinnut häntä. Väkijoukossa oli aina niin paljon ihmisiä ja tämä nainen kyseenalaisti ikävöisikö Amma todella häntä, jos hän ei olisi paikalla. Hän päätti testata Ammaa. Hän ajatteli itsekseen, 'Jos Amma todella haluaa minut tänne, hän saa minut jäämään koko ohjelman ajaksi.'

Kun minkäänlaista merkkiä jäämisestä ei tullut hän päätti, 'No niin... menenpäs autolle; lähden pois. Amma ei antanut minulle merkkiä.'

Hän meni autolleen ja yritti käynnistää sitä, mutta ei pystynyt siihen ja oli todella ärtynyt.

Miksei auto käynnistynyt? Hän oli jumissa ja oli jo unohtanut pyytäneensä Ammalta merkkiä. Hän antautui tosiasialle, että hän oli ansassa ohjelmassa koko illan.

Illan päättyessä hän ajatteli, 'Minun on aika lähteä. Tarkistanpa vielä käynnistyykö auto.' Hän meni takaisin autolleen, käynnisti moottorin ja se lähti käyntiin saman tien, sallien hänen matkustaa kotiinsa ilman ongelmia. Vasta jonkin ajan kuluttua hän ymmärsi, että testatessaan Ammaa vastaus oli tullut tavalla, jolla hän ei *ikinä* osannut kuvitella sen tulevan.

Haluamme koko universumin tulevan luoksemme tavalla, jolla pieni mielemme odottaa sen tulevan – mutta asiat harvoin toimivat niin.

Kun joku on todistanut itsensä meille kuten Amma on, on aika lopettaa epäily; sillä ainoastaan hän tietää mikä todella on oikein, mikä on totta ja mitä tarvitsemme. Meidän tehtävämme on yrittää kumartaa ja luovuttaa egomme eikä tuomita vääristyneen näkemyksemme kautta.

Amma selittää ilahduttavan tarinan kautta minkälaista uskoa meidän tulee kehittää, jotta kuulisimme mestarin äänen sisällämme kirkkaasti.

Eräässä tietyssä kylässä oli ollut kuivuutta jo erittäin pitkään. Siellä ei yksinkertaisesti satanut lainkaan. Kyläläiset päättivät suorittaa rituaalin kutsuakseen sateet. Rituaalin iltana tuhannet ihmiset kerääntyivät ottaakseen osaa tapahtumaan. Kaikkien tuhansien osallistuvien ihmisten joukossa oli ainoastaan yksi pieni tyttö, joka oli tuonut sateenvarjon mukanaan. Jotkut kysyivät häneltä, "Miksi olet tuonut mukanasi sateenvarjon näin kirkkaana päivänä?"

Tyttö vastasi, "Noh, rituaalin jälkeen alkaa sataa, eikö niin? Toin sen etten kastuisi." Vaikka aurinko paistoi kirkkaasti, hän todellakin uskoi sateen tulevan. Lapsi kantoi sateenvarjoa, sillä hänen mielessään ei ollut epäilystäkään etteikö rituaali toimisi. Vain tällä lapsella oli viaton usko, sellainen usko, jota oppilaan tulee kehittää.

Uskon kautta herätämmä sisällämme olevan voiman ja potentiaalin. Usko sallii meidän kehittää itseluottamustamme – luottamusta omaan todelliseen Itseemme. Tämä Itse-usko auttaa meitä kasvamaan lähemmäs sisäistä jumaluutta. Amma sanoo, että meillä *kaikilla* on jumala sisällämme, mutta emme ole tietoisia hänen läsnäolostaan. Uskon ja antautumisen kautta kasvamme lähemmäs tämän ymmärtämistä. Kun kerran aloitamme matkamme kohti tätä lähdettä, olemme paljon

Viattoman uskon kehittäminen

kykeneväisempiä tuntemaan jumaluuden olemmassaolon sisällämme.

Olemme syntyneet oppiaksemme kuinka hallita mieliämme, jotta voisimme nähdä jumaluuden kauneuden kaikkialla, kuten Ammakin näkee. Tämä maailma on yksinkertaisesti jumalainen ilmentymä. Meidän tarvitsee oppia uimaan olemassaolon aalloissa, vaikka nuo aallot uhkaisivatkin ajoittain hukuttaa meidät. Meidän tulee oppia tanssimaan sateessa, kuten Amma rakastaa tehdä. Jos voimme tehdä sen, on se kuin henkisyyden huipun tavoittaminen.

Amma kuuntelee rukouksiamme ja ongelmiamme ja antaa meille niin paljon. Hän ottaa kaikki vastaan darshaniin tunti toisensa perään. Niin tekemällä hän iskostaa meihin uskoa, että jos hän voi tehdä niin, voimme myös me saavuttaa mitä tahansa. Silloin voimme todella tehdä niin.

Amma on antanut meille monia kauniita ja erityisiä muistoja. Ne ovat kuin arvokkaita jalokiviä talletettuina sydämiemme korulippaaseen. Muistaen hänet perustanamme, loistakoon rakkauden, epäitsekkyyden ja kiitollisuuden arvot elämissämme.

Mikset kuvittelisi, että Amma pitää meitä kädestä ja johdattaa eteenpäin? Sillä todellisuudessa hän tekee niin – eikä hän ikinä päästä meitä otteestaan.

www.ingramcontent.com/pod-product-compliance
Lightning Source LLC
Chambersburg PA
CBHW070614050426
42450CB00011B/3056